Unser Leben ist ein Maskenball

Ein spiritueller Wegweiser

Christian Lipp

www.christianlipp.at

Impressum:
Autor: Christian Lipp
Verlag: BoD · Books on Demand GmbH, Überseering 33,
22297 Hamburg, bod@bod.de
Druck: Libri Plureos GmbH, Friedensallee 273, 22763 Hamburg
ISBN: 978-3-8192-6360-6

Illusionen

haben den Anschein

wahr zu sein,

sie sind es aber

nicht.

Inhalt

Vorwort

Liebe Leserin, lieber Leser,

Schön, dass dieses Buch den Weg zu dir gefunden hat. Glaubst du noch an den Zufall? Ich persönlich glaube nicht an den sogenannten Zufall, so wie wir es nennen. Ich glaube daran, dass dir etwas zufällt, aber das mit voller Absicht. Es hat seinen Sinn, wenn dir etwas zufällt, nur wir erkennen es meist nicht sofort.

Es ist vieles im Leben nicht so, wie wir es glauben oder wahrnehmen – vieles ist eine Illusion. Dieses Buch beschäftigt sich mit einigen dieser Wahrnehmungen und Illusionen, die wir im Leben vorfinden und die wir als die Wahrheit bezeichnen, obwohl wir gar nicht genau wissen, ob dies tatsächlich die absolute Wahrheit ist.

Dieses Buch ist eine Einführung in die Spiritualität. Die Spiritualität zeigt uns das Leben aus einer neuen Perspektive. Spiritualität ist immer Gegenwärtig, ob wir sie nun wahrnehmen oder nicht, bleibt davon unberührt. Wir sind alle Spirit, weil unsere Seele, oder unser „SELBST" der geistige Teil von uns ist. Wenn wir uns „selbst finden wollen", dann sind wir auf der Suche nach unserem wahren SEIN. Dieses Wahre Sein ist der Spirituelle Anteil in uns, der geistige Anteil, unser Selbst.

Wir beschäftigen uns meist nicht oder sehr wenig mit diesem geistigen Teil in uns, weil wir so sehr darauf fixiert sind, was wir mit unseren Augen sehen. Das

Geistige können wir aber nicht sehen. Es spielt aber dennoch in unserem Leben eine ebenso bedeutende Rolle wie das Materielle, also das, was wir mit unseren Augen sehen können.

Jeder von uns ist doch bestrebt, ein Leben in Freude, Leichtigkeit, Liebe und Glück zu führen. Das ist gut so – das haben wir uns alle verdient. Es ist quasi unser Geburtsrecht, dieses „Glücklichsein" zu erreichen. Ich sehe keinen Grund, warum irgendein Mensch diesen Glückszustand nicht erfahren sollte. In der Spiritualität können wir einen „absoluten Glückszustand" erfahren. Es ist ein Glückszustand, wie wir ihn sonst nicht kennen.

Der Grund warum ich diesen Titel gewählt habe, ist folgender: In diesem Buch beschreibe ich das Leben aus der Sicht der Spiritualität. Aus der Sicht der Spiritualität ist unser Leben in der Tat ein Maskenball. Wir kennen unseren Körper, unseren Verstand und unser Ego. Damit identifizieren wir uns meistens sehr stark. Diese Teile in uns sind vergänglich und endlich. Die Identifikation mit diesem vergänglichen Teilen in uns, ist die Ursache für unser Leiden und unsere Angst.

Wenn wir beginnen zu erkennen, dass dieser vergängliche Teil in uns, wirklich nur unsere Maske darstellt, wir aber in unserer Essenz ein ewiger geistiger Teil Gottes sind, dann haben wir den Schlüssel in der Hand, um aus diesem Leiden auszusteigen. Wir können die Perspektive wechseln, wir können aufwachen und die spirituelle Sicht unseres Lebens entdecken.

Dieses Buch ist auch dann für dich interessant, wenn du noch keine spirituellen Kenntnisse oder spirituelle Erfahrungen gemacht hast. Wie gesagt, die Spiritualität betrifft uns alle, weil wir geistige Wesen sind, und weil das Geistige immer gegenwärtig ist, obwohl wir es nicht sehen.

Dieses Buch soll dir einfach dabei helfen, eine neue, eine spirituelle Sicht auf das Leben zu bekommen. Eine Sicht die dein Leben bereichert und dir mehr Leichtigkeit, Freude und Glück bringen kann, wenn du offen dafür bist. Wir behandeln in diesem Buch sozusagen das Einmaleins der Spiritualität. Ob du danach tiefer in die Spiritualität eintauchen möchtest oder nicht, wirst du dann sehen.

Ich schreibe dieses Buch zur besseren Lesbarkeit in der männlichen Form, spreche aber damit alle Geschlechter gleichermaßen an. Die Personenbezeichnungen beziehen sich daher immer auf alle Geschlechter.

In diesem Buch werden auch Meditationen beschrieben. Wenn du mit der Meditation noch nicht vertraut bist, probiere es aus. Solltest du psychische Probleme haben, besprich zuerst mit deinem Arzt oder Therapeuten, ob die Meditation das richtige für dich ist.

Unser ICH und unser SELBST

Wie schon gesagt, werden wir in diesem Buch unser Leben, also diesen Maskenball, aus der spirituellen Perspektive betrachten. In der Spiritualität erkennen wir zunehmend, das unsere Essenz, also unser wahres SEIN, nicht unser Körper ist, sondern der geistige Anteil von etwas viel Größeren. Diesen geistigen Anteil oder unsere Essenz bezeichnen wir auch als unser „SEBST".

Die deutsche Sprache ist eine sehr klare Sprache, in vielen Worten und Wortzusammenhängen können wir die unmittelbare Bedeutung erkennen. Zum Beispiel: Das Wort „Selbstfindung" setzt sich aus dem Wörtern „Selbst" und „Findung" zusammen. Es bedeutet, dass wir in der Selbstfindung unser „SELBST" finden. Wenn wir unser selbst gefunden haben, sprechen wir dann, von der Selbsterkenntnis. Wir haben uns dann selbst erkannt.

Ich glaube, in jedem Menschen ist der tiefsitzende Wunsch vorhanden, sich selbst zu finden. Dieses „Sich-selbst-Finden" wird oft belächelt und als unreifes Hirngespinst abgetan. Aber haben diese Menschen wirklich eine Ahnung, was es bedeutet „sich selbst zu finden? Ich glaube nicht. Dieses „Sich-selbst-Finden" ist in Wirklichkeit ein spiritueller Prozess, der dich geradewegs zu deinem spirituellen Erwachen führen kann. Man nennt es auch die „Erleuchtung". Das ist das Endstadium auf seinem Weg zu sich selbst oder am spirituellen Weg. Es ist ein Ankommen bei dir selbst und gleichzeitig ein Ankommen bei Gott. Ich werde noch genauer darauf eingehen, aber zuerst beschäftigen wir uns noch mit der Maske.

Wenn wir gezeugt werden, ist das unsere Inkarnation. Diese Inkarnation bedeutet Menschwerdung. Dabei verbindet sich unser Geist der wir sind, mit einer befruchteten Eizelle. Aus dieser befruchteten Eizelle entsteht ein Körper. Wir als unser Geist kommen dann als Körper bzw. mit einem Körper zur Welt. Ab diesem Zeitpunkt werden wir nur mehr als Körper wahrgenommen, von uns selbst und von allen anderen Menschen.

Als kleines Kind beginnen wir aufgrund unserer Wahrnehmungen, unserer Erziehung unserer Einflüsse durch unsere Eltern, Lehrer, etc. eine ICH-Vorstellung zu bilden. Diese „ICH-Vorstellung" nennen wir auch unser „Ego". Unser Ego ist eine Instanz in unserem Verstand, die sich als Körper wahrnimmt. Wir wachsen in dem Bewusstsein auf, ein sterblicher Körper zu sein. Diese Wahrnehmung wird zu einer tiefsitzenden Denkstruktur in uns, die wir sehr oft in keinem Augenblick unseres Lebens anzweifeln. Wir identifizieren uns also von Anfang an, nur mit unserem Körper – mit unserer Maske.

Unser Verstand – unser Ego – unterscheidet nicht zwischen HABEN und SEIN. Dies ist jedoch ein wesentlicher Denkfehler. Unser Ego glaubt, wir sind ein Körper. Die Wahrheit ist: Wir haben einen Körper. Das wir einen Körper haben, ist eine Tatsache, die wir als gegeben hinnehmen können. Daran führt kein Weg vorbei. Da unser Körper unsere äußere Erscheinung ist, bezeichnen wir unseren Körper in weiter Folge als „die

Maske". Also: Unser Körper ist die Maske, mit der wir alle durch dieses Leben laufen.

Das Ego wird unsere Ich-Vorstellung, also die Vorstellung, wer oder was wir sind. Es entwickelt die Vorstellung, dass wir ein rein materieller Körper aus Fleisch und Blut sind und das verursacht Leiden. Unser Selbst, also unsere geistige Essenz, die wir im Grunde genommen wirklich sind, wird vom Ego dabei nicht erkannt. Das heißt: Dieses Ego nimmt sich eigentlich nicht als Maske wahr, sondern es glaubt tatsächlich, dieser Körper aus Fleisch und Blut zu sein. Es identifiziert sich mit dem Körper und es glaubt dadurch auch an Krankheit und an den Tod. In diesem Fall ist das Leben kein Maskenball. Im Bewusstsein dieses Menschen ist die Identifikation mit seinem Körper als sein ICH absolute Realität, weil er seinem Ego glaubt.

Das Ego kann dermaßen stark werden, dass es unser gesamtes Leben beherrscht und uns in der Illusion lässt, ein Körper zu sein. Die Wahrheit ist, das wir zwar einen Körper haben, aber dieser ist nicht unsere Essenz, er ist nicht unsere geistige Natur, die wir sind. In der Tat sind wir Menschen unser Selbst, es ist reiner Geist – reines Bewusstsein – mit einem Körper der unsere derzeitige Maske ist. Aber unser Geist ist unsere wahre und ewige Natur. Die besten Freunde des Egos sind die Unwissenheit und die Unbewusstheit. Erst wenn wir beginnen, uns speziell mit diesem Thema auseinanderzusetzen, erkennen wir nach und nach, dass wir mit unserer Ego-Vorstellung, ein Körper zu sein, einer Illusion unterliegen. Diese Ego-Vorstellung ist wie gesagt, sehr tief in unserem Bewusstsein verankert.

Die Identifikation mit deiner Maske

Ob die Maske nun eine Maske ist oder nicht, lässt sich grundsätzlich nicht pauschal sagen. Für den einen ja, für den anderen nein, je nachdem, wie der Mensch sich wahrnimmt. Aber ich würde sagen, für die Mehrheit der Menschen ist der Körper keine Maske, weil sie sich tatsächlich als materieller Körper wahrnehmen. Sie glauben ihrem Ego, das in ihrem Verstand sitzt und sich als von Gott getrennter Körper wahrnimmt. Sie wissen es nicht besser, weil sie sich noch nie oder nur wenig mit Spiritualität auseinander gesetzt haben.

Grundsätzlich beobachte ich, dass die Spiritualität weitgehend als etwas gesehen wird, das nicht real ist, oder es wird auch oft mit einer Glaubensrichtung oder mit Esoterik verwechselt. In Wirklichkeit ist die Spiritualität sehr real und etwas, das uns alle betrifft, nur wir sehen sie nicht, weil sie das Geistige ist. Das Geistige ist aber ebenso vorhanden wie das Materielle, nur eben nicht sichtbar. Wir sehen angeblich nur 8 % von dem, was tatsächlich da ist, der Rest ist unsichtbarer Geist und Energie. Die Spiritualität beschäftigt sich mit den Grundsätzlichen Fragen wie: Wer bin ich? Wer ist Gott? Was ist das Leben? usw.

Wenn ich mit Menschen spreche und sie frage: „Wer bist du?", dann wissen sie oft gar nicht, was sie antworten sollen. Sie haben keine konkrete Vorstellung davon, wer oder was sie sind. Sie können es nicht definieren. Sie beschäftigen sich nicht mit den grundlegenden Dingen, die ihr Leben betreffen, und schon gar nicht haben sie das Bedürfnis, sich selbst zu finden. Dieses „Sich-selbst-Finden", wird oft belächelt und man macht sich gerne lustig darüber. Aber wissen diese Menschen eigentlich, was es heißt, sich selbst zu finden? Ich glaube nein, weil dann würden sie sich nicht darüber lustig machen. Wenn sie wissen würden, was dies bedeutet, dann würden sie sich auf den Weg machen, um sich selbst zu finden. Es ist nämlich die größte Befreiung, die man als Mensch haben kann.

Diese Selbstfindung ist die Befreiung aus dem Ego – aus der Ego-Illusion, die uns leiden lässt, tagein, tagaus. Es ist ein Perspektivenwechsel, der dein Bewusstsein darüber, wer du bist, grundsätzlich reformiert. Es findet eine Transformation deines Bewusstseins statt. Die Identifikation mit der Maske, also mit deinem Körper, hast du dabei völlig aufgegeben. Du bist in dein Bewusstsein das geworden, was du schon immer warst, nämlich das Ebenbild Gottes, oder die geistige Präsenz Gottes.

Diese geistige Präsenz Gottes ist deine wahre Essenz. Diese geistige Präsenz warst du schon immer, sie war aber bisher überschattet von deinem Glauben, ein materieller Körper zu sein. Dein Ego wurde getäuscht, von Anfang an, und niemand war da, der diese Täuschung korrigiert hat. Es ist eine optische Täuschung entstanden, weil du deinen Körper mit deinen Augen wahrnimmst und folglich glaubst du, du bist dieser Körper. Du nimmst auch die anderen Menschen als Körper wahr: deine Eltern, deine Freunde, deine Kollegen, einfach alle.

Wir müssen hier unterscheiden zwischen SEIN und SCHEIN. Es macht den Anschein, dass du ein Körper bist, aber du kannst nie ein Körper sein. Materie kommt und geht, sie ist vergänglich, du aber bist ewiger Geist. Du hast natürlich einen Körper, aber es ist nur dein derzeitiger Auftritt „deine Maske" in dieser materiellen Welt. Es ist dein Werkzeug und dein Lern- und Erfahrungsinstrument in dieser Menschwerdung. Bei deiner Geburt bist du eingetreten in den Maskenball des Lebens. Du hast vielleicht bis heute geglaubt, dein Körper ist keine Maske, du bist dieser materielle Körper, aber glaube mir, du bist viel mehr als ein materieller Körper, der wieder stirbt. Du bist das ewige Leben, weil du nichts außerhalb von Gott bist, weil du ein untrennbarer geistiger Teil Gottes bist.

Solange du deinem Ego glaubst, das sich mit deinem Körper identifiziert, glaubst du auch an Krankheit und an den Tod, das Leiden ist vorprogrammiert. Dein Ego hat durch diese Identifikation mit dem Körper, Angst. Diese Angst wirkt sich auf verschiedene Bereiche deines Lebens aus und hat verschiedene Ausprägungen wie: die Angst nicht zu genügen, Minderwertigkeit, Angst zu versagen, Eifersucht, das Gefühl der Einsamkeit, mangelndes Selbstwertgefühl, mangelnde Selbstliebe, usw. Aber die Grundangst, ist die Angst zu sterben, die sich daraus ergibt, dass sich dein Ego als von Gott getrennt wahrnimmt.

Erst die Aufhebung der Identifikation mit deinem Körper kann dich in eine wunderbare, mit nichts vergleichbare Freiheit und in einen inneren Frieden führen. Dies ist gleichzusetzen damit, dass du anerkennst, das dein Körper in der Tat eine Maske darstellt und dieses Leben als „Vorname Nachname" eben doch ein Maskenball ist.

Die Identifikation mit deinem Selbst

Das Ego ist das ICH-Gefühl deiner Maske, also deines Körpers oder deiner Rolle als „Vorname Nachname". Dein wahres, göttliches und ewiges ICH das du in deiner Essenz bist, bezeichnen wir als dein SELBST.

Nochmal, die deutsche Sprache ist eine sehr klare Sprache, und man kann in vielen zusammengesetzten Worten die unmittelbare, genaue Bedeutung erkennen. Das Wort „Selbstfindung" bedeutet exakt das du dein SELBST, also deine wahre geistige Natur findest. Die „Selbsterkenntnis" ist dann das Erkennen deines SELBST. Das „Selbstbewusstsein" bedeutet, dass du dir deiner SELBST bewusst bist. Selbstvertrauen bedeutet das du deinem SELBST, also Gott, vertraust.

Dein Selbst ist deine wahre geistige Natur, es ist die geistige Ausdehnung Gottes. Es ist gleichzusetzen mit deiner Seele. Man kann dein wahres Sein auf verschieden Art und Weise umschreiben, aber um es nicht kompliziert zu machen, bleiben wir bei dem Ausdruck „SELBST". Dein Selbst, das bist du, das ist dein wahres und ewiges SEIN. Mit dem solltest du dich identifizieren. Dieses Selbst gibt deiner Maske erst das Leben, es haucht deiner Maske erst das Leben ein. Ohne deinem Selbst, wäre deine Maske tote Materie.

Alles was lebt, hat einen inhärenten Geist, es ist der Geist Gottes. Du bist Teil dieses allumfassenden Bewusstseins, das wir Gott nennen. Dein Selbst, ist reiner Geist – reines Bewusstsein – und die Liebe.

Wenn wir beginnen, nachzudenken über unsere wahre Natur, diese ergründen und erforschen wollen, dann beginnts du einen Selbstfindungsprozess. Dieser Prozess beginnt meist damit, dass wir uns mehr in die Stille zurück ziehen, dass wir zunehmend gerne alleine sind und uns der Meditation hingeben.

Aus manchen Gesprächen weiß ich, dass Menschen manchmal im Leben durch eine Krankheit oder Unfall beginnen, sich mehr mit dem Sinn des Lebens zu beschäftigen und sich mehr als zuvor Gott zuwenden. Diese Zuwendung zu Gott ist auch oft der Beginn der Selbstfindung und kann diesen Selbstfindungsprozess einleiten. Es ist oftmals der Beginn einer großen Veränderung zu einem besseren Leben. Dann, wenn man begreift, dass die Suche nach Glück und Frieden im Außen keinen wirklichen Erfolg bringt, beginnt sehr häufig der Weg nach innen – der Weg zu deinem Selbst.

Dieses Streben nach Glück und inneren Frieden wurde uns schon in die Wiege gelegt. Das hat auch einen Sinn, denn Gott will, dass du dich selbst findest. Erst durch dieses Selbstfinden kannst du wirkliches Glück und inneren Frieden finden. Es wird uns allerdings nicht gesagt, wie wir dieses Glück und diesen inneren Frieden finden können. Keiner sagt uns, dass du dieses Glück und diesen Frieden schon in dir trägst. Du musst dich nur nach innen wenden; dort befindet sich der Zugang zu diesem Glück und diesem Frieden, dort befindet sich der Zugang zu deinem SELBST.

Wirklich glücklich zu werden ist grundsätzlich eine seelische Sache. Nur im seelischen Glück kannst du echten Frieden finden. Dies beginnt damit, dass du erkennst, dass du nicht dein Körper bist, sondern dein SELBST, also ewiger Geist. Du bist ewiger Geist, weil du ein Teil des allumfassenden Geistes bist. Nur durch diese Erkenntnis kannst du begreifen, dass dein Körper eine Maske ist. Er ist dein momentaner Auftritt in diesem einen Leben.

Wenn du beginnst, dich als ewiges geistiges Wesen, als Kind Gottes wahrzunehmen und nicht mehr als Körper, ist das der Beginn einer wunderbaren Reise zu dir selbst. Dann weißt du, dass dieses Leben tatsächlich ein Maskenball ist, denn dein Körper ist nur deine Maske. In Wirklichkeit bist du ein individueller, geistiger Ausdruck Gottes. Dein Ego ist das ICH deiner Maske, es nimmt sich als von Gott getrennter Körper wahr. Solange du dich mit deinem Ego und somit mit deinem Körper identifizierst, wirst du leiden. Du glaubst nämlich solange an den Tod, an Krankheit, an Einsamkeit, an Trennung.

Erst die vollkommene Identifikation mit deinem wahren SEIN – deinem SELBST – erlöst dich von diesem Leiden. Dieser Prozess benötigt Zeit und Geduld, aber wenn wir beharrlich und bewusst diesen Weg gehen, kann dieser Weg in die Selbsterkenntnis führen. Diese sogenannte Selbsterkenntnis wird auch als das Erwachen oder Erleuchten bezeichnet. Es ist das Ende der Illusion, ein Aufwachen aus dem Traum, etwas außerhalb von Gott zu sein. Es ist nämlich unmöglich, etwas außerhalb von Gott zu sein, weil Gott alles ist, was wahrhaftig lebt. Alle Materie ist nur eine leblose Sache, solange sie nicht den göttlichen Geist beinhaltet. Du bist dieser göttliche Geist – du bist nicht die Materie.

Neue Wege gehen

Wenn du dir dein Leben anschaust, so wie es jetzt läuft, was würdest du ändern? Bist du Rund um zufrieden? Hast du das Gefühl, in deinem Herzen wirklich glücklich zu sein? Bist du frei von Angst, Einsamkeit und Sorgen? Verspürst du einen inneren Frieden – ein Gefühl von angekommen sein?

Ich beobachte, das sehr viele Menschen ihr Glück im Erfolg, im Reichtum oder in der partnerschaftlichen Liebe suchen. Sie suchen ihr Glück im Außen, weil ihr Ego nur das Außen kennt. Dein Ego kennt nicht die geistige Welt. Dein Ego fühlt sich als getrennter Körper von Gott und führt quasi ein Eigenleben, abseits von Gott.

Gott ist aber die geistige Welt. Er ist das allumfassende, schöpferische, unendliche und ewige Bewusstsein. Wir sind alle untrennbare Teile von diesem Bewusstsein. Wir müssen uns nur als diese Seele – als unser Selbst – wahrnehmen. Du kannst dein seelisches Glück nicht im Außen und nicht in der Materie finden. Die materielle Welt ist quasi die Parallelwelt zur geistigen Welt, sie ist die duale Welt. Sie ist der Schauplatz für unseren Maskenball.

Du als dein Bewusstsein bist wie ein Gefäß, dass du nur bis zum oberen Rand anfüllen kannst. Wenn du voll bist mit deinem materiellen Vorstellungen, mit dem Glauben an die Materie, mit deinem Ego-Denken, dann hat das Geistige in dir keinen Platz. Es sind oft die sogenannten Kopf Menschen, die sagen: „Ich glaube nur dass, was ich sehe." Das was du siehst ist aber nur die Materie. Wenn du nur an die Materie glaubst, dann ist das ziemlich wenig. Ich sagte schon, es sind in etwas nur 8% von dem was in unserem Raum tatsächlich gegenwärtig ist. Wenn wir beginnen, uns mehr auf unsere Gefühle und auf unsere Innenwelt zu fokussieren, dann entwickeln wir eine Intuition. Die Meditation spielt dabei auch eine wesentliche Rolle, weil wir in der Meditation den Kontakt mit der geistigen Welt herstellen können. Wir entwickeln auf diese Art auch einen inneren Führer – die Intuition. Es ist die Führung durch den heiligen Geist.

Ein wesentlicher Schritt ist einmal, sich selbst auszuhalten. Viele Menschen haben ein Problem damit, still zu sitzen und einmal nichts zu tun – einfach nichts, einfach nur zu SEIN. Sie sind es nicht gewohnt, zu sitzen und die Stille zu spüren, richtig in die Stille einzutauchen. In der Stille nehmen wir jedoch Kontakt zu unserem SELBST auf, wir beginnen, uns zu spüren. Dieses „sich selbst aushalten" bedeutet, dein wahres ich, dein Selbst kennenzulernen. Ich sagte es schon: Dein Selbst ist deine geistige Natur. Dies ist deine wahre und ewige Existenz, das pure Leben. Du kannst dein Selbst nicht sehen, es ist Geist. Du siehst nur deine Maske, weil sie Materie ist. Die Maske ist die Sichtbarmachung deiner Seele.

Wenn wir unsere Identifikation mit unserem Körper – mit unserer Maske aufheben, dann ist das der Beginn eines neuen Lebensgefühls. Du lässt dich dabei auf dein wahres SEIN ein, auf den göttlichen und ewigen Teil in dir – dein SELBST. Es beginnt damit, dass wir lernen, uns selbst auszuhalten. Dabei werden wir an unser Ego geraten, das in dem Fall als unser innerer Antreiber agiert. Probiere es gleich mal aus, dich einmal für 15 Minuten in die Stille zu begeben. Setze dich auf einen gemütlichen Stuhl und sorge dafür, dass du für die nächsten 15 Minuten nicht gestört wirst, weder von anderen Personen noch von deinem Handy. Stell dir vielleicht einen Timer auf 15 Minuten, dann musst du nicht extra schauen, ob die Zeit schon um ist. Mache es dir gemütlich und schließe dabei die Augen. Atme ein paarmal tief durch und lass dann deinen Atem einfach so ruhig wie möglich werden. Du brauchst dich auf deinem Atem nicht weiter konzentrieren, er funktioniert vollautomatisch.

Es geht jetzt einfach darum, dass du dich ganz entspannt hineinfallen lässt in diese Stille und einfach wahrnimmst, was in dir vorgeht. Es werden vermutlich Gedanken in deinem Kopf kreisen, und es kann sein, dass du den Druck verspürst, aufzustehen und weiterzumachen, sowie du es bisher gewohnt warst. Dies alles kannst du einfach nur beobachten, aus einer höheren Warte heraus. Du gehst sozusagen über dein Denken hinaus und wirst dein Beobachter.

Dein Ego ist in dem Fall dein innerer Antreiber und wird versuchen, dich wieder aufzutreiben. Bleibe standhaft und wiederstehe dem Druck deines Egos. Es ist nur dein kleines Ich – das ICH deiner Maske. Es ist eine Instanz in deinem Verstand, die glaubt, die Herrschaft über dich zu haben. Vielleicht hat sie die Herrschaft auch bisher gehabt, aber du kannst jetzt damit Schluss machen.

Du kannst beginnen, ein selbstbestimmtes Leben zu führen, ein Leben aus deinem höheren Ich – aus deinem SELBST heraus. Es ist nur ein gewisses Maß an Bewusstheit erforderlich. Gleichzeitig stärkst du deinen Geist und wirst mental stärker. Du bekommst das

Gefühl, dein Leben in der Hand zu haben, das macht dich insgesamt zufriedener und selbstbewusster. Diese Übung nenne ich „Bewusst SEIN". Sie ist einfach und leicht durchführbar und ist der Beginn eines bewussteren Lebens. Du kannst sie so oft wie möglich anwenden. Du wirst allmählich merken, das dir die Stille guttut.

Die Stille wird in unserer heutigen Zeit total verkannt. Durch die Schnelllebigkeit, die wir an den Tag legen, fällt uns das Innehalten und das Still werden zunehmend schwerer. Dies ist sehr schade, denn wir verlernen es, uns zu spüren und mit uns selbst in Kontakt zu treten. Wir können uns aber nur selbst finden, wenn wir in Kontakt treten mit unserer Innenwelt. Nur in der Zuwendung und in der bewussten Wahrnehmung unserer Gedanken und Gefühle können wir uns selbst finden.

In der oben beschriebenen Übung „Bewusst SEIN" kannst du lernen, mit dir in Kontakt zu treten. Es reicht nicht wenn du dich in den Spiegel schaust, und dir zulächelst. Das ist schön und nett, aber nur an der Oberfläche. Du siehst im Spiegel nur deine Maske, wie willst du da mit deinem SELBST Kontakt aufnehmen, geschweige dich selbst finden.

Deine Selbstfindung, das heißt die Befreiung aus deinem Ego beginnt damit, dein Spiegelbild zu hinterfragen. Die Befreiung aus deinem Ego, ist die Befreiung aus der Angst, es ist das Ankommen in der Liebe, das Ankommen bei Gott. Durch dieses Ankommen bei Gott, bekommt dein Leben eine neue Qualität, eine neue Leichtigkeit, die du vorher nicht kanntest.

Dieses „sich-selbst- finden" ist der Schlüssel, um in einen seelischen Frieden zu kommen, um deine Seele nach Hause zu bringen, zurück zu Gott.

Manchmal beobachte ich Menschen, wie sie getrieben sind und sich ständig mit Arbeit, Sport, Internet oder anderen Ablenkungen beschäftigen. Es scheint, als wären sie nicht in der Lage, sich selbst in der Stille auszuhalten. Vielleicht sind sie auch auf der Suche.

Aber wonach suchen sie? Nach dem Sinn des Lebens? Ich vermute, sie suchen sich selbst, denn das ist meiner Meinung nach der Sinn des Lebens. Wenn du nämlich dein SELBST gefunden hast, bist du wieder angekommen bei Gott. Die Suche hat dann ein Ende. Du hast deine Seele nach Hause gebracht.

Ich habe es schon erwähnt, was dein SELBST ist: Es ist die geistige Ausdehnung Gottes oder ein individueller Ausdruck Gottes. Dein Selbst ist der Kern deines SEINS, es ist dein Leben. Dein Körper ist nicht dein Leben, er wird erst durch dich, „deinem Selbst" zum Leben erweckt. Dein Körper ist reine Materie. Sie kann nur leben, durch den inhärenten Geist der du bist. Solange du glaubst, dein Körper sei dein Leben, wirst du leiden, du wirst weiterhin Angst haben, und an die Krankheit und an den Tod glauben. Erst wenn du dich aus deinem Ego befreist, kannst du ein Leben in Leichtigkeit und in Freiheit beginnen. Erst dann kannst du zum Buddha werden.

Dein Glaube an Gott

Wenn wir über das Leben sprechen, dann dürfen wir auch über Gott sprechen, dann kommen wir an Gott nicht vorbei. Bist du jemand, der gerne über Gott spricht, oder ist Gott für dich ein heikles Thema? Ich spreche sehr gerne über Gott, weil ich eine konkrete Vorstellung von Gott habe und weiß, wer, bzw. was, Gott ist. Nicht, weil ich so religiös bin oder so oft in die Kirche gehe, nein, überhaupt nicht, sondern weil ich zu Gott gefunden habe. In der Selbstfindung findest du zu Gott. Ich bin der Meinung, für Gott brauche ich weder eine Kirche noch eine Religion. Die Frage würde sich für mich dabei auch stellen: Welche Kirche soll ich besuchen, oder welcher Religion soll ich mich denn anschließen, um Gott kennenzulernen? Es gibt so viele verschiedene Religionen. Ich glaube nicht, das Gott gemeint hat: „Sucht euch eine Religion aus, irgendwo werdet ihr mich schon finden".

Das Einzige, was ich für Gott brauche, ist den Willen Gott wirklich kennenzulernen – Gott zu erfahren. Gott kann man nicht sehen, deshalb kann man Gott nur erfahren. Man kann eine Gotteserfahrung machen. Dies ist in der Spiritualität möglich, im sogenannten Erwachen, oder in der sogenannten Erleuchtung machen wir eine Gotteserfahrung.

Um aber Gott kennenzulernen oder zu erfahren, ist es zunächst notwendig, an einen Gott zu glauben. Aus meiner Erfahrung kann ich sagen, dass es sich lohnt, an einen Gott zu glauben, egal wie dieser Gott für dich aussehen mag. Ich hatte auch nicht immer ein konkretes Bild im Kopf, wie dieser Gott aussehen soll oder was das eigentlich ist, aber ich habe immer daran geglaubt, dass es da jemand oder etwas gibt, der uns, und die Welt erschaffen hat und der uns liebt. In der Kirche sieht man ja auch keinen Gott, aber die Leute glauben daran und gehen immer schön brav in die Kirche. Es gibt ihnen Trost und Sicherheit. Manche gehen vielleicht, weil sie glauben, dass sie Ärger bekommen mit Gott, wenn sie nicht gehen. Das ist auch eine Sichtweise, es ist die Sicht der Angst, die Angst vor dem „Herrn im Himmel". So wie Gott uns in der Kirche manchmal vermittelt wird.

Ich würde dir nicht empfehlen mit Angst auf Gott zu schauen oder an einen strafenden Gott zu glauben. Sondern einfach aus dem Grund an einen Gott zu glauben, weil es wohl unmöglich ist, dass all das, was wir hier vorfinden, unser Universum, wohl nie ohne das Zutun irgendeiner höheren Macht oder einer Schöpferkraft entstand wäre. Ob wir dies nun erklären können oder nicht, ist unwichtig; das müssen wir nicht erklären können. Zuviel Grübeln und zu viel Nachdenken darüber, was diese höhere Macht genau sein könnte und wie das Leben funktioniert, ist nicht zweckmäßig und bringt uns eigentlich nicht weiter. Wichtig ist, daran zu glauben, dass es etwas Höheres gibt, dass es eine Schöpferkraft gibt, dass es eine nie versiegende geistige Quelle des Lebens gibt.

Ich bin ein bekennender spiritueller Mensch, und für mich ist Gott ganz klar: Der allumfassende, schöpferische, ewige Geist – die Quelle des Lebens. Dieser Geist besteht aus der reinen Liebe und dem reinen Bewusstsein. Die Liebe ist das Weibliche, das Bewusstsein das Männliche. Diesen Geist bezeichne ich ganz einfach als „Gott" oder auch als den „Heiligen Geist".

Du hast vielleicht ein anderes Bild von Gott, das ist auch okay. Ich meine, es ist nur wichtig, dass du an einen Gott glaubst, sonst wird es schwierig, einen Gott zu finden, und noch schwieriger, eine Gotteserfahrung zu machen. Manchmal lohnt es sich, an etwas zu glauben, dass wir nicht beweisen können und das wir nicht mit unseren eigenen Augen sehen können. Wenn wir nur glauben, was wir sehen können, dann vertrauen wir uns auch selbst nicht. Die sogenannten Kopfmenschen haben wenig Vertrauen in die Dinge die sie nicht sehen können. Sie haben meist auch kein wirkliches Selbstvertrauen. Natürlich, weil sie ihr SELBST nicht sehen können. Du siehst nur deine Maske, aber nicht dein SELBST.

Selbstvertrauen beinhaltet ja auch das Wort „vertrauen", und Vertrauen heißt, nicht sehen oder beweisen können. Vertrauen heißt: Jemand oder etwas zu glauben, ohne dafür Beweise zu haben, das es stimmt. Sonst wäre ein Vertrauen nicht notwendig, wenn ich es ohnehin sehen oder beweisen kann. Beim Vertrauen gehe ich immer in Vorleistung und glaube an die Sache, weil sie sich richtig anfühlt. Ich vertraue also eigentlich meinem Gefühl, bzw. meinem Herzen.

Mein Herz ist immer der Kompass der Liebe, es ist der Wegweiser aus der geistigen Welt. Dein Kopf hingegen möchte immer alles beweisen und alles schwarz auf weiß. Er kann nicht vertrauen, weil er Gott nicht kennt. Er hat kein Urvertrauen in das Leben, weil er nicht das Leben ist. Es ist dein rationaler Verstand. Er ist vergänglich und daher eine Illusion, bzw. eine relative

Wahrheit. Er ist Teil deiner Maske, die nur deine derzeitige Erscheinungsform ist; sie ist nicht dein ewiges Leben. Dein Glaube an Gott ist also die Grundvoraussetzung, um an dich selbst zu glauben und um ein echtes Selbstvertrauen zu erlangen. Es ist gleichzusetzen mit dem Vertrauen in das Leben selbst, in eine höhere Intelligenz und in die Tatsache, dass alles einen höheren Sinn hat. Diesen höheren Sinn können wir meist in der Gegenwart nicht erkennen, aber ich sage dir, dass auch hier das Vertrauen darauf dir hilft, die Dinge so zu akzeptieren, wie sie eben sind. Gott würfelt nicht, dies ist meine Überzeugung und bestärkt mich in meinem Vertrauen in das Leben.

Erst dein Glaube an Gott macht es dir möglich, dein Selbst zu erkennen, weil dein Selbst ein individueller Ausdruck Gottes ist. Dein kleines ICH, dein „Vorname Nachname", ist nur deine Maske hier in dieser materiellen Welt. Diese materielle Welt ist in der Tat ein Maskenball. Genieße diesen Maskenball, aber sei dir bewusst, das dein Leben danach nicht zu Ende ist. Dieser Maskenball ist nur eine Art Klassenzimmer, indem du dich auf deiner Bewusstseinsreise zurück zu Gott befindest. Weil wir in dieser dualen Welt die Voraussetzungen vorfinden, uns selbst zu erkennen, wenn wir offen sind dafür. Wenn wir bereit sind, mehr zu glauben als das, was wir sehen und derzeit mit unserem Verstand wissen.

Einfach SEIN

Um mehr Vertrauen in das zu gewinnen, was du nicht sehen kannst, hilft dir die schon vorher beschriebene Übung „Bewusst SEIN", ich nenne es hier „Einfach SEIN". Es ist die einfachste Art zu meditieren und ein Gefühl für die geistige Welt zu entwickeln. Dieses „Einfach SEIN" ist deine wahre Natur und gibt deiner Seele das Gefühl, zu Hause zu sein. Wir sind es nur nicht gewohnt, in der Stille zu sein und einmal nichts zu tun. Unser Ego ist meist sehr stark und agiert auch als unser innerer Antreiber. Es kennt die Stille nicht und fühlt sich von der Stille erst einmal bedroht, weil die materielle Welt ihr zu Hause ist und hier vorwiegend Lärm und Hektik herrscht.

Wenn unser Ego also noch sehr stark ist, dann fällt es uns schwer, ruhig zu werden und in die Stille zu gehen. Genau diese Stille ist es aber, die unserer Seele Heimat gibt. In dieser Stille finden wir wieder zurück zu Gott. Es ist unser ewiger Lebensraum, aus dem wir gekommen sind und in den wir wieder gehen werden, wenn dieser Maskenball zu Ende ist. Nur in dieser Stille schaffen wir die Voraussetzung, um uns selbst zu finden, denn unser Selbst ist ein Teil der geistigen Welt.

Wir können dieses „Einfach SEIN" lernen, in dem wir es ausprobieren und in unseren Alltag integrieren. Es ist zunächst ein verträumtes Sich-Hineinversenken in die Stille, ganz ungezwungen und leicht, ohne irgendwelche Regeln dabei zu beachten. Je lockerer du an die Sache herangehst, desto leichter wird es sich für dich anfühlen. Es ist keine Konzentration erforderlich; Meditation ist Kontemplation nicht Konzentration. Kontemplation ist ein

„Sich-Versenken" in etwas. In diesem Fall versenkst du dich in den Augenblick der Stille. Oder in den Anblick der Natur. Oder du schließt die Augen und versenkst dich in die Beobachtung deiner Gedanken, die vielleicht in deinem Kopf auftauchen, das ist auch okay. Beobachte deine Gedanken einfach, und vielleicht gelingt es dir mit etwas Übung, den Zwischenraum zweier Gedanken ausfindig zu machen. Das ist ein stiller Raum, eine Zeit zwischen den Gedanken. Mit etwas Übung und Bewusstheit kannst du diesen Raum ausdehnen, sodass du eine Zeitlang in dieser absoluten mentalen Stille verweilst. Ich nenne diese absolute Stille, einfach den „Nullpunkt" in deinem Kopf.

Mit einem hohen Grad an Bewusstheit und Übung können wir längere Zeit in diesem Nullpunkt bleiben. Aber fürs Erste solltest du es einfach schaffen, ein paar Minuten stillzusitzen und einfach beobachten, was da ist. Du sollst dir fürs Erste keine Ziele dabei setzen. Es soll dir Freude machen, und du sollst dich selbst aushalten können, ohne gleich wieder aufzuspringen. Mach diese Übung immer wieder, mehrmals am Tag, immer wenn du ein paar Minuten Zeit hast. Du wirst mit etwas Praxis merken, wie gut dir diese Stille tut.

Genau in dieser Stille lernst du dich besser kennen, weil du deine Gedanken und deine Gefühle bewusster wahr nimmst. Durch dieses bewusstere Wahrnehmen und Beobachten kannst du lernen, dich von deinen Gedanken und Gefühlen abzugrenzen. Du gehst über deine Gedanken hinaus und beginnst zu erkennen, dass du der Beobachter deiner Gedanken sein kannst. Es ist ganz einfach: Es ist, als würdest du aus einem Haus oben auf die Dachterrasse hinausgehen und nun das

Haus von außen sehen. Du gehst also über deinen Verstand hinaus und erkennst, dass du nicht der bist, der hier denkt. Du wirst zum Beobachter deines Denkens. Wenn du bewusst genug bist, erkennst du, dass es in dir denkt. Dein Verstand ist bei der Arbeit, und du siehst zu. Dein Verstand ist ein Teil deines kleinen ICH – deiner Maske. Auch dein Ego sitzt in deinem Verstand. Dein Verstand hat die Aufgabe, deine Erlebnisse und Erfahrungen aufzuarbeiten. Das ist gut so, wenn du ihn dabei bewusst beobachtest, werden deine Gedanken auch transformiert. Sie lösen sich auf in frei Energie, und dein Kopf wird wieder frei.

Kennst du das Problem, dass sich Gedanken in deinem Kopf immer wieder im Kreis drehen? Das liegt daran weil wir unsere Gedanken nicht bewusst wahrnehmen und dadurch transformieren. Wir kümmern uns sozusagen nicht um unsere Gedanken. Unsere Gedanken sind aber unsere Babys; sie wollen beachtet werden, und wenn sie genug Beachtung bekommen, dann gehen sie in Frieden wieder. Genauso ist es mit unseren negativen Gefühlen und Ängsten. Auch sie benötigen unsere Wahrnehmung. Erst dann können sie sich wieder auflösen und weiterziehen; sie werden transformiert. Du kannst das jederzeit ausprobieren: Wenn du einmal ein negatives Gefühl, eine Angst, Eifersucht, Wut, etc. verspürst, setze dich hin und nimm diese Angst, Eifersucht, Wut, etc. bewusst wahr. Fühle hinein in dieses Gefühl: Wo ist dieses Gefühl genau? Wie fühlt es sich an? Wovor hat die Angst genau Angst? Bleib einfach ein paar Minuten in diesem Gefühl. Interpretiere nichts hinein und beurteile es nicht, einfach nur wahrnehmen. Du wirst sehen, in ein paar Minuten ist es weg. Du hast es aufgelöst, und es richtet in deinem Körper keinen Schaden mehr an.

Dein Bewusstsein ist dein SELBST. Ich sagte es schon: Es ist Teil der geistigen Welt. Genauer gesagt ist es Teil des Heiligen Geistes, und der Heilige Geist hat immer heilende und transformierende Wirkung. Vielleicht verstehst du jetzt, warum die Mediation so wichtig ist. Dieses „Einfach SEIN" ist die einfachste Art zu meditieren, und es ist alltagstauglich, weil du es jederzeit in deinen Alltag einbauen kannst, sobald du etwas Zeit hast.

Es würde dir gut tun, es so oft wie möglich zu machen. Du musst nicht warten, bis du ein negatives Gefühl hast oder negative Gedanken. Nein, mache es auch, um einfach in die Stille zu gehen. Die Stille ist ein heiliger Raum. Hier wirst du dir deiner SELSBT gewahr. Du lässt das Geistige an deinem Leben teilhaben, und das wird sich lohnen, du wirst sehen. Die geistige Welt ist die Welt Gottes. Du kannst dir sicher sein: Wenn du dem geistigen mehr Raum in deinem Leben gibst, wird sich das unweigerlich positiv auf dein Leben auswirken. Dem geistigen mehr Raum zu geben bedeutet eben, in die Meditation zu gehen. Das „Einfach SEIN" ist der beste und einfachste Weg, um mit der Meditation vertraut zu werden. Wo Gott ist, ist auch die Freude und die Liebe, denn Gott ist die Liebe. Wenn du dich also für die Stille öffnest, lädst du Gott in dein Leben ein. Dies kann eine große Bereicherung für dein Leben sein, der du dir erst nach und nach bewusst wirst. Man braucht also etwas Geduld und den Willen, sich auf das Experiment Meditation einzulassen, um den gewünscht Effekt wirklich hautnah zu spüren.

Vom ICH zum SELBST

Diese Übung „Einfach SEIN" ist der erste und einfachste Weg in die Meditation. In der Meditation machen wir eine Selbsterfahrung. Was bedeutet das?

Ich sagte es schon: Die deutsche Sprache ist eine sehr klare Sprache, das ermöglicht uns, aus zusammengesetzten Wörtern die unmittelbare Bedeutung zu erkennen. Das Wort SELBT ist die Bezeichnung für unser wahres SEIN, für das, was wir in unserer Essenz tatsächlich und ewig sind. Unser SELBST ist unsere wahre, geistige und ewige Natur, ein individueller Ausdruck Gottes. In der Mediation können wir dieses SELBST erfahren, also spüren.

Wir haben meist nicht das Bewusstsein dafür, dass wir reiner Geist sind, weil wir unseren Körper sehen und unseren Körper spüren. Wir sind aber kein Körper, wir haben einen Körper, dies ist ein großer Unterschied. Wir müssen hier unterscheiden zwischen Haben und Sein. Unser Ego – unser Verstand – nimmt sich jedoch meist als Körper wahr, und dies ist der Grund, dass wir ein sehr starkes Körperbewusstsein haben. Dieses Körperbewusstsein stärkt wiederum unser EGO. Wenn wir „ICH" sagen „Ich habe" „Ich bin" „Ich will", meinen wir unser EGO, das sich als sterblicher Körper wahrnimmt. Es ist also unser EGO, das sich als von Gott getrennter Körper wahrnimmt.

Diese Vorstellung, ein von Gott getrennter Körper zu sein, macht dem Ego Angst. Es ist grundsätzlich die Angst vor dem Tod, die unser Ego beherrscht und die es auf unterschiedliche Art und Weise diese Angst ausleben lässt. Die Ausprägungen des Egos sind von Mensch zu Mensch sehr unterschiedlich und individuell. Dies ist abhängig davon, in welchen Umfeld man aufwächst, die Prägung aus der Erziehung und seinem Freundeskreis und auf welcher Bewusstseinsebene sich dieser Mensch befindet.

Wir müssen uns an dieser Stelle bewusst machen, dass wir hier von dem einen Bewusstsein sprechen. Es gibt nur dieses eine allumfassende Bewusstsein; das ist dieser eine Geist, aus dem alles hervor geht. Dieses eine allumfassende Bewusstsein, finden wir in unterschiedlichen Bewusstseinsebenen vor.

Nach der Lehre von dem amerikanische Psychiater und Mystiker David R. Hawkins gibt es 17 Bewusstseinsebenen. Sie heißen: Scham, Schuld, Apathie, Trauer, Angst, Verlangen, Wut, Stolz, Mut, Neutralität, Bereitschaft, Akzeptanz, Vernunft, Liebe, Freude, Frieden, und Erleuchtung.

 * Quelle: David R. Hawkins, aus dem Buch: „Erleuchtung ist möglich"

Siehe auch Quellenverzeichnis auf Seite 186.

Je nachdem, auf welcher Bewusstseinsebene sich der Mensch gerade befindet, wirkt sich das auf sein Leben aus. Insbesondere auf sein Ego, bzw. auf die Identifikation mit seinem Ego. Ein Mensch in unteren Bewusstseinsebenen hat meist große Angst, und diese große Angst macht sich durch ein starkes Ego bemerkbar. Dieses starke Ego nimmt sich als sterblicher Körper wahr und kämpft ums Überleben. Je nachdem, wie dieses Ego ausgeprägt ist, kann sich das auf unterschiedliche Art und Weise bemerkbar machen. Manchmal sind es nur harmlose Ausprägungen wie ein Zurschaustellen von Geld und Reichtum oder ein übertriebenes Sicherheitsbedürfnis. Oftmals auch ein Sich-Beweisen-Wollen mit stählernen Muskeln oder einer bildhübschen Partnerin. Leider kann ein starkes Egos aber auch andere Ausprägungen haben, die nicht mehr so harmlos sind, wie Neid, Missgunst, Eifersucht und Gewalt. Unsere Nachrichten und Medien zeigen uns tagtäglich, was ein starkes Ego anrichten kann. Gepaart mit Macht kann ein starkes Ego unglaubliche zerstörerische Wirkung haben, wie wir in vielen Teilen dieser Welt in Form von Ungerechtigkeit, Not, Leid und Kriegen immer wieder sehen.

Wenn wir uns also als Mensch in diesen unteren Bewusstseinsebenen befinden, sind wir in einem Egobewusstsein gefangen, und wir glauben bzw. identifizieren uns mit unserem Ego, das glaubt, ein von Gott getrennter Körper zu sein. Dieser falsche Glaube und dieses Egobewusstsein, also die Identifikation mit unserem EGO verursacht Leid in uns und in weiterer Folge auf dieser Welt. Meistens bilden wir mit anderen Menschen auf denselben Bewusstseinsebenen ein kollektives Ego, weil wir uns angezogen fühlen. Gleiches zieht gleiches an oder das Gesetz der Resonanz. Wir sehen dies in Familien, Religionen, Glaubensgruppen, Sekten, Banden, oder anderen Kreisen.

Wenn wir also erstmal erkennen, dass wir uns in einem Ich-Bewusstsein befinden, in einem Bewusstsein, das an sein Ego glaubt, dann haben wir den Schlüssel in der Hand, aus diesem ICH-Bewusstsein auszusteigen und in andere Bewusstseinsebenen hinaufzuklettern.

Unser Ego wird sich immer von Gott getrennt fühlen, dass ist das Wesen unseres Egos. Aber es ist wichtig zu erkennen, dass dies unser kleines ICH ist, dass an unseren Körper gebunden ist, also das ICH unserer Maske. Dieses kleine ICH, dieses EGO, ist nicht das ICH unserer wahren Natur; es ist nur das ICH unseres Körpers. Wir sind aber nicht unser Körper, wir sind ein geistiges Wesen, hier beginnt der Irrtum. Wir sind reiner Geist – reines Bewusstsein – ein individueller Ausdruck Gottes. Das ICH unseres wahren Geistes ist unser SELBST. Dieses SELBST ist unser wahres ich. Wenn wir dies begreifen, haben wir die Möglichkeit, in unser SELBST aufzusteigen. Was ist dieses SELBST genau?

Dein SELBST ist dein wahres, ewiges Sein, deine wahre göttliche Natur. Gott ist alles was ist, es ist gibt nichts außerhalb von Gott, das lebt. Das allumfassende Bewusstsein wäre nicht allumfassend, wenn es etwas außerhalb davon geben würde. Das heißt, auch dein SELBST ist Teil von Gott. Alles andere ist eine Illusion. Alles was lebt, hat einen inhärenten Geist – es ist der Geist Gottes.

Dein Bewusstsein, etwas außerhalb und etwas Getrenntes von Gott zu sein, ist ein Irrtum deines Egos. Da sich dein Ego als Körper wahrnimmt, unterliegt es dem Irrtum, von Gott getrennt zu sein. Diesen Irrtum kannst du nicht aufheben, aber du kannst die Identifikation mit deinem Ego aufheben. Dies geschieht, indem du erkennst, dass du nicht dein Ego bist, also nicht dieses kleine Ich, das Angst hat. Du bist nicht dieses „Vorname Nachname", dies ist nur deine Maske auf diesem Maskenball. Es ist quasi eine Rolle, die du spielst, weil du diesen Weg gewählt hast, in diese duale und materielle Welt zu kommen, um dich hier als dein Bewusstsein weiterzuentwickeln. Dies tust zu gerade in diesem Moment durch das lesen dieses Buches und auch in anderen Momenten, einmal mehr und einmal weniger. Aber letztendlich bist du hier, um eine Bewusstseinsreise zu machen, um langsam, aber stetig die Bewusstseinsebenen hinaufzuklettern.

Man könnte auch sagen, du bist hier in einem Klassenzimmer der Liebe, weil du auf einer Reise zur Liebe bist. Die Liebe ist einer der höchsten Bewusstseinsebenen, die es gibt. Gott ist die Liebe, dein Selbst ist die Liebe. Du gehst von der Angst in die Liebe. Wenn du bei der Liebe ankommst, bist du am Weg zur Erleuchtung. In der Erleuchtung hast du dann dein SELBST gefunden. Daher auch der Ausdruck Selbsterkenntnis.

Nur dein Ego glaubt, etwas außerhalb von Gott zu sein – etwas Eigenständiges und Getrenntes. Es weiß nichts von diesem Spiel des Lebens und diesem Maskenball. Es nimmt das Leben sehr ernst und fürchtet um den Tod. Die Erkenntnis, die du machen kannst, wenn du die Reise zu dir selbst antrittst, die erlöst dich von der Identifikation mit deinem Ego und führt dich in ein neues Leben. In ein Leben in Freiheit, Freude und Liebe. Es wird ein göttliches Leben werden, Seite an Seite mit Gott, eine neues Leben mit einem neuen Bewusstsein – mit einem Gottesbewusstsein.

In dein SELBST zu kommen, hängt also maßgeblich davon ab, ob du dich weiterhin mit deinem kleinen ICH – mit deiner Maske – identifizierst, oder mit deinem SELBST – mit deinem göttlichen, ewigen SEIN. Wenn du die Identifikation mit deinem Ego aufgibst, kommst du automatisch mehr in dein SELBST. Die Übung „Einfach SEIN" hilft dir dabei. Sie ist eine einfache Art zu meditieren und ermöglicht es dir, dein SELBST zu spüren. Da dein SELBST reiner Geist ist, kannst du dabei nur mit einer geistigen Übung weiterkommen, dass ist die Meditation.

In der Meditation kannst du eine Selbsterfahrung machen, weil du bei richtiger Anwendung deinen Geist spüren kannst. Genauer gesagt spürst du diese hohe Schwingung, weil du in der Meditation in dieses hoch schwingende geistige Bewusstseinsfeld eintauchst. Gleichzeitig nimmst du Kontakt zur geistigen Welt auf und lässt den heiligen Geist dadurch mehr in dein Leben. Man könnte sagen es ist die stille Schule des Lebens.

Die Meditation ist die Übung, mit der du aus deinem Ego herauskommst und allmählich ein neues Bewusstsein kreierst. Sie ist der Schlüssel zur Befreiung aus dem Ego. Dieser Bewusstseinsprozess, um von den unteren Bewusstseinsebenen in die oberen Bewusstseinsebenen zu gelangen, kann aus meiner Erfahrung ohne Meditation nicht vollzogen werden. Die Geistesschulung, das heißt, das Erlernen und Umprogrammieren deiner Glaubenssätze, unterstützt diesen Prozess ebenfalls.

Meditation im Alltag

Die Meditation ist die Zuwendung zur geistigen Welt. Das bedeutet, es ist ein Einlassen auf Gott, auf den heiligen Geist. Du gehst in der Meditation eine Verbindung zu Gott ein. Je mehr du dich darauf einlässt, desto stärker wird deine Beziehung zu Gott und dem Leben. Denn Gott ist das Leben, und Gott ist auch die Liebe und das reine Bewusstsein. Es ist das Absolute – es ist das Leben selbst. Es ist das Unsichtbare, dass unser Leben beherrscht und die stärkste Energie ist, die es gibt und jemals gegeben hat. Es ist das Unsichtbare, dass unser Leben bereichert und es erst richtig rund macht, wenn wir es in unser Leben einladen.

Diese Beziehung zu Gott kann dein Leben unglaublich bereichern, ich spreche aus eigener Erfahrung. Wenn du die Meditation praktizierst, wirst du unweigerlich erfahren, wie gut dir das tut. Es tut dir in jeder Hinsicht gut. Es zeigt sich in deinem Wohlbefinden, in deiner Klarheit, in deiner Kreativität, in deiner Zufriedenheit und deinem Gefühl, glücklich zu sein.

Das Geistige, oder der Heilige Geist, wirkt in einer Art und Weise die wir nicht erklären können und wir müssen es auch nicht erklären. Es ist auch wissenschaftlich erwiesen, dass die Meditation unser geistiges und körperliches Wohlbefinden steigert. Aber es tut noch viel mehr, das wir auf den ersten Blick nicht erkennen. Es ist quasi eine Hilfe von oben, wenn man so will. Obwohl es kein „Oben" gibt denn der Himmel ist unter uns. Das Geistige ist genau da, wo wir sind. Da oben sind nur die Wolken, und der Regen und der Schnee kommt von da oben. Aber Gott ist unter uns, und in jedem von uns, und in jedem Tier, in jedem Baum und in jeder Pflanze. Er ist auch dort, wo wir der Meinung sind, dass Nichts ist, denn genau dieses Nichts ist die geistige Welt. Wir sehen Sie nicht, aber sie ist immer präsent. Diese geistige Welt ist quasi unsere Parallelwelt, zur materiellen Welt, am selben Ort, zur selben Zeit.

Dieses Geistige ist nichts, wofür wir uns fürchten müssen. Im Gegenteil: Es ist die Liebe, es ist die Präsenz Gottes. Hier gibt es keine Angst, kein Versagen, keine Schuld, keinen Ärger, kein Leid. Diese Dinge sind nur eine Sache unseres Egos, das in der materiellen Welt sein Zuhause hat.

Bei Gott gibt es nur die Freude, die Liebe und den Frieden. Alle Menschen, die in die geistige Welt zurück gegangen sind, leben im Frieden und in Liebe. Sie haben kein Ego mehr, sie haben ihre Maske abgelegt. Sie sind nicht mehr die Menschen, die sie einmal waren. Nur ihr Ego hat sie zu den Menschen gemacht, die sie einmal waren.

Manche Menschen haben Angst vor der geistigen Welt. Vermutlich haben sie zu viel Geisterfilme geschaut. Sie glauben, die Geister seien etwas Böses. Oder sie hatten mit einem verstorbenen ein Problem, das sie nicht gelöst haben, und haben deswegen Angst vor der Meditation. Dies kann ein Hindernis sein, sich mit der geistigen Welt zu verbinden, wenn man glaubt, dadurch würden alte Geschichten wieder hochkommen.

Wenn du also glaubst, du müsstest dich der geistigen Welt verschließen, nur weil irgendwelche Ahnen von dir in der geistigen Welt leben, dann würde ich dir raten deine Ansicht zu überdenken. Ich würde dir raten, Frieden zu schließen mit deinen Ahnen. Den alles, was sie angeblich jemals falsch gemacht haben, kann man nicht mehr rückgängig machen. Die meisten Menschen handeln so, wie sie es zu dieser Zeit aus der Sicht ihres Egos für richtig gehalten haben. Wenn wir Fehler machen, dann sind das Lernprozesse. Und wenn wir glauben, wir selbst seien Fehlerlos und nur die anderen machen Fehler, dann ist dies der größte Fehler.

Wir alle kommen aus der geistigen Welt, und wir gehen wieder in die geistige Welt. Dazwischen leben wir mit einer Maske, die uns den Eindruck vermittelt, kein Teil der geistigen Welt zu sein. Doch dies ist eine Illusion. Wir sind immer Teil der geistigen Welt und wir leben in Resonanz mit unseren Mitmenschen – ob mit oder ohne Maske.

Frieden zu schließen mit unseren Ahnen, Freunden, Verwanden, Ex-Partner, usw. ist ein ganz wichtiger Schritt, um in deinen eigenen Frieden zu kommen. Es ist auch eine Sache, die du ganz alleine mit dir ausmachen kannst. Dazu brauchst du das Gegenüber nicht. Am besten macht man das mit einem Brief an die jeweilige Person. Ob sie nun noch unter uns weilt oder nicht ist dabei nicht wichtig. Der Brief ist nur für dich gedacht, um in dir Frieden zu schließen. Du brauchst den Brief nicht abzuschicken.

Es ist eine Art Loslassen und Auflösen der negativen Energie zwischen euch beiden. Es wäre wichtig, alles Alte, was jemals geschehen ist, zu verzeihen und zu vergeben. Verzeihen heißt nicht vergessen, aber es heißt vergeben, für die angeblichen Fehler, die jemand gemacht hat. Du kannst dich da ruhig hineinsteigern, und es dürfen Tränen fließen, so soll es sein. Dein Groll und dein Schmerz sollen sich auflösen. Schreibe alles hinein, was du der Person vorwirfst, und auch wofür du ihr Dankbar bist. Zum Abschluss solltest du aber ehrlich mit der Sache abschließen und Worte der Vergebung finden. Ich persönlich habe das sehr oft gemacht – mit meinen Eltern, Ex-Partnerinnen etc. und habe mittlerweile einige solcher Briefe. Du kannst dir sicher sein, das dies sehr befreiend für dich ist, wenn du Frieden schließt mit all jenen, die einmal Teil deines Lebens waren.

Wenn du dies gemacht hast, kann es sein, dass du eher bereit bist, dich für die Meditation zu öffnen. Ich hoffe es für dich, denn wie gesagt, kann die Mediation dein Leben sehr bereichern. Du gehst dabei in die Stille, wie oben in dem Kapitel „Einfach Sein" beschrieben.

Die Stille ist ein magisches Bewusstseinsfeld, sie ist das Tor zur Meditation. In dieser Magie der Stille kannst du einen Frieden finden, der seinesgleichen sucht. Du kannst dieses „Einfach Sein" in deinen Alltag einbauen. Dieser stille Raum ist immer gegenwärtig, er ist immer da, wo du bist. Es nur ein sich Öffnen für diese Stille. Es erfordert etwas Übung und Bewusstheit, um diesen stillen Raum in dir zu schaffen. Es ist eigentlich ein stiller Raum in dir, der begleitet wird mit einer Stille rund um dich.

Mediation ist Nichtdenken, ein Rückzug aus deinem Egodenken. Nichtdenken macht deinen Verstand frei und klar und verschafft dir mehr Raum für den Heiligen Geist. Der Heilige Geist schafft Klarheit in dir. Wenn dein

Verstand voll ist mit deinem Egodenken, dann fehlt es dir an Klarheit. Du wirst es bemerken, wenn du eine Zeitlang die Meditation ausübst, dass dein Denken klarer und strukturierter wird. Du bekommst dadurch auch die Übermacht deines Egos in den Griff. Du erziehst dein Ego, dadurch wird es kleiner, und du stärkst dein Selbst.

Die erste Herausforderung bei der Meditation ist, sich selbst auszuhalten, das heißt, die Stille auszuhalten. Der nächste Schritt ist, dein Denken anzuhalten, also in das Nichtdenken zu kommen. Dich hinzusetzen und einfach weiterzudenken ist kein Problem, dies wird dir nicht schwer fallen. Dies ist aber nicht Meditation, dies ist einfach Sitzen und Denken. Richtige Meditation fängt erst an, wenn du dein Denken loslassen kannst, wenn du den Nullpunkt in deinem Kopf erreichst. Dazu benötigst du ein hohes Maß an Bewusstheit. Du musst sehr bewusst dein Denken beobachten und eine Entscheidung treffen, in den stillen Punkt zwischen deinen Gedanken zu kommen und diesen auszudehnen.

Wenn es etwas zu denken gibt, worüber du nachdenken musst oder willst, dann denke. Das ist ganz normal, dafür hast du deinen Verstand; seine Aufgabe ist es zu denken und auch dein Erlebtes aufzuarbeiten. Deine Gedanken sind deine Babys, sie brauchen deine Aufmerksamkeit. Erst dadurch können sie sich wieder auflösen und kreisen nicht ständig in deinem Kopf. Wenn es also denkt in dir, dann ist das dein Verstand, oder dein Egodenken. Beobachte es einfach und beurteile es nicht. Durch die bewusste Wahrnehmung deiner Gedanken können Sie transformieren, das heißt sich in freie Energie auflösen. Das ist gut so, deine Gedanken die sich in deinem Kopf im Kreis drehen, werden allmählich weniger, und du wirst klar und frei für die Meditation.

Bei der Meditation geht es aber darum ,nicht zu denken. Erst dann kannst du sagen, du meditierst. Sitzen und denken ist kein meditieren. Beides ist wichtig: das beobachten deiner Gedanken und das Einstellen deines Denkens. Durch die Beobachtung und Wahrnehmung deiner Gedanken wird es ruhiger in deinem Kopf, weil deine Gedanken transformiert werden. Dies ist die Voraussetzung, um einen freien Kopf für die Meditation zu bekommen. Das eine geht in das andere über, wenn du bewusst eine Entscheidung triffst. Mit etwas Übung fällt es dir immer leichter, in die Meditation zu kommen.

Es ist wie Radfahren, auch das lernt man nur mit Übung. Aber wenn du es einmal kannst, setzt du dich aufs Rad und fährst. So ist es auch bei der Meditation: Wenn du es einmal kannst, setzt du dich hin und bist in wenigen Augenblicken in der Meditation. Es ist ein Hineinentspannen in den Augenblick. Es ist keine Konzentration, es ist eine Kontemplation – ein sich fallen lassen in den heiligen Moment.

Durch die magische Stille wird dein Leben auf magische Art und Weise positiv beeinflusst. Bring die Meditation in deinen Alltag. Am Anfang musst du dich vielleicht noch ganz bewusst dazu entschließen, aber nach einer Zeit wirst du bemerken, dass du ohne Meditation gar nicht mehr sein willst. Hast du die Süße der Stille erst einmal für dich entdeckt, willst du sie nicht mehr missen.

Die Meditation im Alltag mit dieser Methode „Einfach SEIN" ist die einfachste und angenehmste Art, damit zu beginnen. Du brauchst dir nicht extra Zeit dafür nehmen. Statt Fernsehen, Radiohören oder andere Ablenkungen, gehst du einfach in die Stille. Du wirst bald merken, dass dir die Stille mehr gibt als jede Ablenkung. Denn Fernsehen, Radio etc. sind eigentlich nur Ablenkungen von dir – von deinem Selbst. Du kannst dir selbst nie begegnen, wenn du jede freie Minute dich mit irgendwelchen Ablenkungen im Außen beschäftigst.

Das wahre Glück findest du aber nicht im Außen, sondern nur in dir selbst. Kein Fernsehprogramm kann dir das geben, was du in der Stille erfahren kannst. In der Stille machst du jedes Mal eine Selbsterfahrung, die irgendwann zu einer Gotteserfahrung werden kann.

Wenn du mit der Meditation vertrauter bist, wird sie dein Zufluchtsort werden. Es ist jedes Mal wie ein Nachhausekommen oder ein Besuch im Wohnzimmer Gottes. Die Meditation ist der Stille Raum, indem du einfach so sein kannst, wie du bist. Gott erwartet nichts von dir. Du brauchst hier nichts zu sein, was du nicht bist, oder etwas leisten, oder etwas darstellen – du wirst einfach deiner selbst geliebt. Du musst dich nur daran gewöhnen, diesen stillen Raum als etwas wahrzunehmen, das dir guttut.

Die Reise zu dir selbst

Jeder Mensch hat tief in seinem Herzen den Wunsch, sich selbst zu finden. Warum? Weil wir in dieser „Selbstfindung" auch immer Gott finden. Wir finden dabei Gott, weil unser Selbst ein geistiger Anteil Gottes ist. Gott ist das allumfassende und ewige Bewusstsein. Dieses Bewusstsein besteht aus Liebe und aus reinen Bewusstsein. Liebe – das weibliche, und reines Bewusstsein – das männliche. Dieses geistige Bewusstsein ist das Leben und steckt in allen Lebewesen. Jedoch finden wir dieses Bewusstsein in unterschiedlichen Bewusstseinsebenen vor. Diese Bewusstseinsebenen haben unterschiedliche Schwingungen. Je höher oben wir uns befinden, desto höher ist unsere Schwingung.

Wenn wir uns auf die Reise zu uns selbst machen, klettern wir allmählich diese Bewusstseinsebenen empor. Unser Ego glaubt an die Trennung. Es glaubt, dass wir ein von Gott getrennter Körper sind. Dies lässt uns leiden und macht uns Angst. In den unteren Bewusstseinsebenen glauben wir an unser Ego. In den unteren Bewusstseinsebenen haben wir meist keine Ahnung, das es ein Ego gibt, und haben meist keine Ahnung, dass dies eine falsche Vorstellung unser Selbst ist. Wir glauben an die Maske und daran, dass diese Maske unser wahres Ich darstellt. Somit glauben wir auch an die Krankheit und an den Tod.

Wenn wir unser Ego hinterfragen und die Identifikation mit unserem Ego aufgeben, heben wir diese Trennung in unserem Bewusstsein auf. Dadurch lösen wir uns von den unteren Bewusstseinsebenen wie Angst, Scham,

Schuld. Wir erhöhen unsere Schwingung und werden dadurch zufriedener, selbstbewusster und es fällt uns leichter, uns selbst zu lieben.

Die Meditation ist ein wesentlicher Faktor dabei. In der Meditation begeben wir uns immer in ein Bewusstseinsfeld, das eine sehr hohe Schwingung hat. Je mehr wir uns der Meditation zuwenden, desto mehr erhöhen wir unsere eigene Schwingung. Es ist daher wichtig, der Meditation einen festen Bestandteil in deinem Leben zu geben, wenn du dich spirituell weiterentwickeln willst.

Ein weiterer Bestandteil dieser Reise zu dir selbst ist es, deine tiefsitzenden Glaubenssätze aufzulösen. Dabei hilft dir die Geistesschulung. Mit Ihr werden deine falschen Programmierungen aufgelöst und durch neue ersetzt. Dazu gehört zum Beispiel deine Überzeugung, „ein Körper zu sein". Du bist aber kein Körper, sondern du hast einen Körper. Dieser ist nur deine Maske, in diesem derzeitigen Leben, das übrigens nicht dein einziges ist. Es gibt aber noch unzählige andere falsche Glaubenssätze, die in dir gespeichert sind und die noch korrigiert werden sollten.

Die Korrektur deiner falschen Glaubenssätze ist also ebenso wichtig, um die Bewusstseinsebenen hinaufzuklettern. Dies ist ein Prozess und wird unterstützt durch die spirituelle Literatur, die du zum Beispiel gerade jetzt in den Händen hältst. Spirituelle Literatur ist auch immer eine hochschwingende Literatur und hilft dir, in höhere Bewusstseinsebenen zu kommen.

Diese Reise zu dir selbst, ist ein spiritueller Prozess, den wir bewusst gehen können. Wenn du merkst, dass du in dir eine Art Sehnsucht spürst, mehr über dich, mehr über Gott oder mehr über das Leben zu erfahren, dann ist dies ein Zeichen dafür, dass du wahrscheinlich reif bist, diesen Weg zu dir selbst zu gehen. Diese Reise zu dir selbst ist eine wunderbare Möglichkeit, dein Leben aufzuräumen. Es ist eine Möglichkeit, dir selbst näher zu kommen und dich selbst besser lieben zu lernen.

Deine Selbstliebe ist nämlich ebenso ein wichtiger Bestandteil dieser Reise. Wenn du dich nicht selbst lieben kannst, fehlt dir das Fundament, auf dem dies alles aufgebaut ist. Die obersten Bewusstseinsstufen sind Liebe, Freude und Frieden. Wenn wir uns selbst finden, dann werden wir zur Liebe. Gott ist die Liebe, und in der Selbstfindung finden wir zu Gott, also werden wir zur Liebe. Du kannst nur zur Liebe werden, wenn deine Selbstliebe, eine echte, bedingungslose Liebe ist. Bedingungslos deshalb, weil sie an keine äußeren und keine anderen Bedingungen geknüpft ist. Sie liebt der Liebe wegen. Du als dein Selbst bist deinem Ego am nächsten, deshalb ist es naheliegend, dass du deinem Ego, das nach Liebe dürstet, diese Liebe gibst. Dazu musst du aber erst aus deiner Ego-Identifikation aussteigen. Je mehr du also in dein SELBST kommst, desto eher wirst du dich – dein Ego – lieben können. Dein Selbst braucht keine Liebe, es ist Liebe, weil es das Ebenbild Gottes ist. Nur dein Ego braucht die Liebe so sehr. Deshalb suchen wir die Liebe immer im Außen.

Auf deiner Reise zu dir selbst, wirst du erfahren, was es heißt, dich selbst zu lieben. Du wirst auch erfahren, was es heißt, ein echtes Selbstbewusstsein zu erlangen.

Denn Selbstbewusstsein, kommt auch aus dem Worten „Selbst" und „Bewusstsein". Du wirst dir deiner Selbst bewusst. Du hast also erkannt, wer du selbst bist. Du bist nicht deine Maske, nicht dein Körper, und nicht dein Ego, du bist reiner Geist. Der göttliche Geist, der deiner Maske erst Leben einhaucht.

Auf deiner Reise zu dir selbst transformierst du dein Bewusstsein. Du transformierst dein Bewusstsein von den unteren Bewusstseinsstufen, man könnte auch sagen, von einem Ego-Bewusstsein, in die obersten Bewusstseinsstufen wie Liebe, Freude, Frieden. Es ist ein unglaublich anderes Gefühl, wenn du bei dir selbst ankommst. Diese Reise zu dir selbst ist aber keine Reise, bei der du geradewegs auf ein Ziel zusteuerst, sondern es ist eher eine Reise, bei der der Weg das Ziel ist. Mit jedem Tag, mit jeder Woche, in der du Fortschritte machst, wirst du ein neues Lebensgefühl entdecken.

Es ist so, wie wenn du dich verliebst. Wenn du verliebt bist, willst du auch die Zeit anhalten. Du kennst kein Ziel mehr, du genießt jeden Tag der Verliebtheit. So ähnlich ist es bei deiner Reise zu dir selbst. Du wirst jeden Tag genießen, und du wirst dich in die Reise selbst verlieben. Du wirst merken, das dir das Leben – das Gott dir – unter die Arme greift. Wenn du einmal die Meditation und die Stille lieben gelernt hast, dann hast du es schon geschafft. Dann zählt nur noch das Hier und Jetzt. Meditation ist: Im Hier und Jetzt zu sein. Du verbindest dich zu jeder Zeit mit Gott. Eine schönere Verbindung gibt es nicht. In dieser Verbindung bist du am besten Weg zu dir selbst, und gleichzeitig bist du bei dir selbst. Deshalb gibt es kein Ziel zu erreichen.

Deine Wahrnehmung korrigieren

Unser Leiden und die meisten Probleme die wir haben, sind die Probleme unseres Egos – also unserer Maske – oder besser gesagt der Rolle, die wir mit unserer Maske spielen. Unsere Maske ist der Körper, aber mit dem Körper spielst du auch eine Rolle. Und diese Rolle – dieses „Vorname Nachname" ist dein kleines ICH, das ICH deiner Maske, dein vergänglicher Auftritt auf diesem Maskenball.

Wenn du nicht die Maske bist und auch nicht die Rolle, wer bist du dann? Du bist dein SELBST. Dein selbst ist eine Ausdehnung Gottes, du bist ein individueller Ausdruck Gottes. Gott ist alles was ist, er ist das allumfassende, Bewusstsein – er ist das Leben. Alles was lebt, hat einen inhärenten Geist, es ist der Geist Gottes. Du bist ein Teil dieses Geistes, weil Gott alles ist was lebt. Es gibt nichts außerhalb von Gott, außer vorübergehende Illusionen. Deine Maske ist zum Beispiel eine dieser vorübergehenden Illusionen. Du glaubst, jemand oder etwas außerhalb von Gott zu sein, weil du deinem Ego glaubst.

Je wichtiger wir uns nehmen, unser „Vorname Nachname", desto schwieriger machen wir es uns meist. Wir sind versklavt von unserem Ego, das immer mehr Erfolg sucht, Sicherheit sucht, Liebe sucht und Reichtum sucht.

All dieses Streben führt uns aber nicht in einen inneren Frieden, in eine Glückseligkeit, in ein Angekommen sein bei Gott. Es ist vielmehr ein Kampf mit dem Leben, das uns auf diese Art nicht wirklich glücklich macht.

Zumindest ist es kein beständiges Glück, das wir im Außen erfahren. Echtes, beständiges Glück können wir nur in Gott erfahren. Da wir ein individueller Ausdruck Gottes sind, hat Gott ein Leben für uns geplant. Jeder Mensch hat seinen Seelenplan, den Gott ihm zugedacht hat. Wir haben die Möglichkeit, genau diesen Seelenplan zu leben. Dann fühlen wir uns richtig angekommen im Leben. Das Leben wird dann eine echte SELBST-Verwirklichung. Wir leben dann nicht mehr den Plan unseres Egos, sondern den Plan Gottes. Wir folgen nicht mehr der Angst, wir folgen der Liebe.

Wenn wir unserem Ego folgen, dann folgen wir der Angst. Unser Ego ist aus der Angst geboren, weil es sich als von Gott getrennt wahrnimmt. Wir machen dann das, was von uns erwartet wird, um nur ja nicht anzustoßen, mit unseren Eltern, oder unserem Chef, etc. Oder wir glauben, wir müssen dies oder das erreichen, um gut abgesichert zu sein. Wir müssen noch so viel Geld verdienen, damit nur ja nichts passieren kann, damit immer genug da ist. Wir machen vielleicht einen Job, der uns gar nicht gefällt. Aber wir machen ihn, weil wir hier immer unser Geld pünktlich am Konto haben. Alles verständlich, alles eine Sichtweise des Egos. Aber mit Selbstverwirklichung hat dies nichts zu tun.

Wenn wir so leben, dann ist das ein Leben in Angst. Unser Leben wird durch unser Ego gesteuert, das heißt, es ist Angst gesteuert. Dir muss bewusst sein, das dein Ego immer Angst hat – dies ist das Wesen deines Egos. Es lebt in der Trennung, es kann nur Angst haben. Wenn du dich mit dem Leben – mit Gott – nicht verbunden fühlst, ist die logische Konsequenz, dass du Angst hast. Erst durch die Verbindung zu Gott, kommst du in die

Liebe. Du entwickelst dann ein Gott vertrauen – das ist ein Urvertrauen in das Leben.

Wenn du ein Leben im Ego lebst, Tagein – Tagaus, Jahrein – Jahraus, dann sitzt du irgendwann da und fragts dich: Habe ich gelebt? Oder hatte ich mein Leben lang nur Angst?

Folge nicht der Angst, sondern folge der Liebe. Das bedeutet, dass du einmal auf deine innere Stimme hörst – die Stimme deines Herzens. Dort ist die Liebe zu Hause. Frage dich: Bist du in deinem Job noch richtig? Bist du in deiner Wohnung noch richtig? Bist du bei deiner Partnerin – deinem Partner, noch richtig? Fühlt sich dein Leben so richtig an, wie du es zurzeit lebst?

Wenn wir uns weiterentwickeln wollen, wenn wir aufwachen wollen, das bedeutet: Wenn wir der spirituellen Befreiung entgegengehen wollen, dann ist es wichtig, unsere Wahrnehmung über uns und unser Leben zu korrigieren. Wir sollten aufhören, uns als materieller Körper wahrzunehmen, denn dies macht unserem Ego Angst. Das dies unserem Ego Angst macht, wäre nicht das Problem, aber leider identifizieren wir uns mit unserem Ego. Wir glauben, wir sind unser Ego, wir identifizieren uns fälschlicherweise mit dem ICH unserer Maske. Dadurch haben wir Angst. Unser Ego wird aus der Angst geboren, weil es sich von Gott getrennt wahrnimmt. Wir sind aber nicht unsere Maske, wir sind das Leben – der geistige Anteil Gottes, der unsere Maske erst belebt oder beseelt. Unsere Maske – unser Körper – ist aber eine vorübergehende Illusion, in diesem Schauspiel des Lebens. Weil durch die Befruchtung einer Eizelle ist eine Materie – ein Körper –

entstanden, und jetzt glauben wir tatsächlich, wir sind diese Materie. Natürlich haben wir dann Angst und glauben an den Tod. Der Tod ist die tiefsitzende Angst in uns, die viele andere Ängste nach sich zieht. Um aus dieser Angst auszusteigen, müssen wir unsere Wahrnehmung korrigieren.

Wir müssen beginnen, uns mit dem ewigen, geistigen Anteil in uns zu identifizieren. Dieser Anteil ist unser SELBST – oder unsere Seele – unser reines und ewiges Bewusstsein. Erst wenn uns dies gelungen ist, werden wir wirklich frei. Wie bringen unsere Seele nach Hause – wir geben uns Gott zurück. Gott ist unser geistiger Vater, wir sind alle untrennbare Teile von Gott.

Deine Maske ist nur die materielle Sichtbarmachung deiner Seele. Sie ist auch gleichzeitig das Werkzeug, damit du dich hier in dieser dualen Welt als geistiges Wesen erkennen kannst. Den erst wenn du die Farbe Schwarz kennst, weißt du auch, dass es die Farbe Weiß gibt. Es ist so ähnlich wie mit dem Fisch, der im Ozean einen anderen Fisch fragt: „Ich habe gehört es soll ein Wasser geben, das soll ganz toll sein. Weißt du, wo ich dieses Wasser finden kann?" Der Fisch lebt im Wasser, aber weiß nicht, was das Wasser ist, weil er nichts anderes kennt. Erst wenn wir den Fisch aus dem Wasser heraus nehmen, wird er wissen, was das Wasser ist und das es sein Lebensraum ist.

Durch den Ausflug in die materielle Welt können wir erfahren, dass wir eigentlich geistige Wesen sind. Wir sind nicht Materie, wir sind Geist, weil wir das geistige Ebenbild Gottes sind, weil wir göttliche Ausdehnung sind. Jede Seele ist ein individueller Ausdruck Gottes.

Wenn du beginnst umzudenken, also deine Wahrnehmung zu korrigieren, wird dich dies in eine unvergleichbare Befreiung führen. Es wird dein Leben verändern – und es wird eine schöne Veränderung sein. Du hast dann erkannt, dass das du nicht dein materieller Körper bist, sondern siehst dich als geistiges Wesen – als Ebenbild Gottes. Du hast damit die Trennung aufgehoben und kommst in ein Einheitsbewusstsein. Wir nennen es das spirituelle Erwachen – oder die Erleuchtung. Dies hat unmittelbare positive Auswirkungen auf dein Wohlbefinden, auf deine Leichtigkeit, auf dein Selbstbewusstsein, auf deine Liebesfähigkeit, usw.

Diese Korrektur in deinem Geiste benötigt Zeit und wird durch die Meditation, also durch die geistige Verbindung zu Gott – zur geistigen Welt – maßgeblich unterstützt. Es ist ein Prozess, der in der Selbsterkenntnis oder in der Erleuchtung seine Erfüllung findet. Du hast dann dein Bewusstsein transformiert – von einem Ego-Bewusstsein in ein Gottes-Bewusstsein. Du hast die Identifikation mit deinem Ego und mit deiner Maske aufgegeben. Dir ist dann völlig bewusst, dass du nicht die Maske bist, sondern der Geist – das Bewusstsein – das deiner Maske das Leben einhaucht. Als dieses Bewusstsein hast du schon vielen Masken ein Leben gegeben. Du hast also schon viele Rollen gespielt. Jede Rolle trägt ein Stück zu deinem Erwachen bei.

Glücklichsein ist keine Glückssache

Es ist vielmehr auch eine Frage, auf welcher Bewusstseinseben du dich befindest. Es gibt, wie schon gesagt unterschiedliche Bewusstseinsebenen. Wie viele es genau sind, darüber sind sich Experten nicht ganz einig.

Zu den unteren Bewusstseinsebenen zählen: Scham, Schuld, Angst. Wenn wir uns hier befinden, ist das Leben mitunter eine Bürde. Dauerhaftes Glücklichsein, ist in diesen Ebenen kaum möglich. Oftmals haben wir Angst, mal mehr, mal weniger, und neigen dazu, die Angst zu unterdrücken und nicht wahrhaben zu wollen. Wir setzen uns nicht mit der Angst auseinander, weil wir Angst vor der Angst haben. Dies ist natürlich fatal, weil wir die Angst so nicht auflösen werden. Das Leiden in diesen Bewusstseinsebenen kann unterschiedliche Ausprägungen haben, sowie jedes Ego unterschiedliche Ausprägungen hat. Von Selbstzweifel, Schuldgefühlen, Minderwertigkeitsgefühlen, das einnehmen einer Opferrolle, bis hin zu Depression ist alles möglich. Manche Menschen sind völlig überfordert und suchen Trost im Alkohol, in Drogen oder sonstigen Ablenkungen, um ihr Leiden nicht zu spüren. In solchen Fällen brauchen wir Hilfe von außen.

Der Gründe, warum wir solchen Umständen ausgeliefert sind, können unterschiedlich sein. Oftmals ist es einfach nur ein gefangen sein in der Ego-Falle. In den unteren Bewusstseinsebenen befinden wir uns in einem Ego-Bewusstsein. Wir identifizieren uns mit unserem Ego und mit unserer Maske und leiden sehr darunter.

Wenn wir es schaffen, aus diesen unteren Bewusstseinsebenen heraus zu kommen, dann wird es immer leichter das Leben anzunehmen. Es stellt sich eine Art Leichtigkeit ein, und das Leben greift uns unter die Arme. Wesentliche Faktoren für dieses hinaufklettern der Bewusstseinsebenen sind: Die Selbstliebe, ein hohes Maß an Bewusstheit und die Meditation.

Die besten Freunde des Egos sind: Die Unwissenheit und die Unbewusstheit. Wenn ich nicht weiß, was das Ego ist, wie es denkt und wie ich mich aus dieser Ego-Falle heraus bewegen kann, ist es schwierig, etwas zu verändern. Zu dem Wissen gehört dann auch die Bewusstheit, um in Alltag zu erkennen, wann das Ego aktiv ist. Je bewusster wir im Alltag sind, desto leichter fällt es uns, über unser Ego hinauszugehen. Wenn wir einmal erkannt haben, das wir nicht unser Ego sind, macht es uns in der Tat bald Spaß, mit unserem Ego zu spielen. Wir beobachten spielerisch, was sich das Ego so einbildet, und können bald darüber lachen und es freudig ignorieren. Das Ego wird dann bald müde, weil es keine Nahrung mehr in Form von unserem Glauben bekommt. Ich möchte an dieser Stelle, den sehr bekannten Spruch zitieren: „Gedanken versetzen Berge". Ich stimme dem nicht ganz zu bzw. möchte ich dies genauer interpretieren. Ich bin nämlich der Meinung: Gedanken alleine tun gar nichts, aber Gedanken und der Glaube daran versetzen unter Umständen Berge. Erst wenn wir das, was unser Ego denkt, glauben, wird es unter Umständen zur selbsterfüllenden Prophezeiung, und wir geben dem Ego die Nahrung, die es so dringend braucht – unseren Glauben.

Wir sollen unsere Gedanken und unsere Gefühle sehr wohl beachten, aber wir sollen sie nicht alle ungeprüft glauben. Durch bewusstes Über-das-Ego-Hinausgehen, wirst du erkennen, dass du nicht dein Ego bist, sondern dein Bewusstsein. Nur dein denkender Verstand ist dein Ego. Er ist Teil deiner Maske. Dein Geist, mit dem du bewusst denken kannst ist dein Bewusstsein. Dein Bewusstsein steht über deinem Ego – es wacht im Idealfall über deinem Ego.

Wenn wir dieses Stadium auf den Bewusstseinsebenen erreicht haben, sprechen wir vom Stadium der „Vernunft". Hier beginnt ein bewusstes und SELBST-verantwortliches Denken aus deinem Bewusstsein. Wir sind nicht mehr Opfer unserer Gedanken und Gefühle. Hier können wir beginnen, uns mit unseren Ego-Gedanken und Ängsten bewusst auseinandersetzen. Wir haben keine Angst mehr von der Angst. Wir wissen, dass unser Ego Angst hat, weil es aus der Angst geboren wurde. Genauso wissen wir aber auch, dass das Ego nur eine Instanz in unserem Verstand ist, die unserer Maske zuordenbar ist, und daher eine Illusion ist. Wir analysieren unsere Angst, und wollen ihr bewusst aktiv begegnen, weil wir wissen, dass wir sie nur so auflösen können. Wir haben den Mut, uns unseren Ängsten zu stellen. Wir gehen in die bewusste Wahrnehmung unser Gefühle, spüren Sie auf, fühlen in sie hinein, bis sie transformiert sind. Durch die bewusste Annahme die bewusste Konfrontation mit unseren Ängsten, werden sie transformiert.

Zu sehen, wie wir Herr über unser Ego werden – Herr über unsere Ängste und Gefühle, ist eine wahre Freude. Vorher waren wir noch ein Opfer unseres Egos und haben uns voll damit identifiziert. Die großen Fortschritte und Entwicklungen auf den Bewusstseinsebenen sind fantastisch. Gleichzeitig greift uns immer mehr Gott – das Leben – unter die Arme. Das Leben wird insgesamt eine neue, schöne Erfahrung. Wir stehen fest auf dem Boden, und wir entwickeln ein echtes Selbstbewusstsein. Die Selbstliebe wächst in dem Maße, in dem wir uns unserem Selbst annähern. Unser SELBST ist ganz oben auf der Bewusstseinsebene. Es ist die Liebe, die noch vor der Freude, dem Frieden und der Erleuchtung steht. Das völlige Gottesbewusstsein haben wir in der Erleuchtung erreicht. Hier ist uns völlig bewusst, dass wir ein individueller Ausdruck Gottes sind und nicht etwas Getrenntes außerhalb von Gott. In diesem Stadium haben wir uns Gott zurück gegeben.

Das Ego ist spielt dabei nur noch eine untergeordnete Rolle und reduziert sich auf die persönlichen Bedürfnisse der Maske, wie: Wohin fahre ich in den Urlaub? Esse ich heute Pizza oder Pasta? etc. Es bestimmt nicht mehr unser Leben, vielmehr ist unser Verstand dazu da, die Ideen und Informationen, die wir über unsere Intuition vom Heiligen Geist empfangen, in die Tat umzusetzen. Wir leben unseren Seelenplan und fühlen einen inneren Frieden und ein Glück. Wir können wirklich „glücklich SEIN", im Sinne von: Einen meditativen Alltag leben.

Unter „glücklich sein", verstehe ich ein tiefes inneres Gefühl der Zufriedenheit und des Wohlbefindens. Die beste Bezeichnung für diesen Zustand ist die „Glückseligkeit". Dies ist ein seelisches Glück, das unabhängig ist von äußeren Umständen. Es ist ein Glück, das sich einstellt, je höher wir diese Bewusstseinsebenen hinaufklettern.

Je höher wir diese Bewusstseinsebenen hinauf klettern, desto mehr haben wir das Gefühl, bei Gott anzukommen – oder in einen inneren Frieden zu kommen. Dieses Ankommen bei Gott, heißt vice versa, das wir aus der Identifikation mit unserem Ego-Bewusstsein aussteigen. Wir verlassen den Bewusstseinszustand der Trennung. Das ist verbunden mit der Aufhebung des Gefühls der Einsamkeit. Wir erkennen unsere Ängste, als das, was sie sind: eine Illusion unseres Egos.

Der ganze Prozess wird begleitet von einem meditativen SEIN. Das heißt, du versuchst, einen meditativen Alltag zu leben. Einfach SEIN, so wie ich es auf Seite 29 beschrieben habe. Zu einem bewussteren Leben gehört auch ein bewussterer Umgang mit äußeren Einflüssen. Es gehört auch ein bewussterer Umgang mit deinen Gedanken und Gefühlen. Die kannst du nur in der Stille wahrnehmen. Gleichzeitig verbindest du dich in der Stille mit einem höher schwingenden Bewusstseinsfeld.

Dein Glücklichsein ist also in der Tat keine Glückssache. Es ist vielmehr das Ergebnis deiner spirituellen Weiterentwicklung.

Schmeiß deinen Fernseher auf den Müll

Wie gesagt, gehört zu dem Prozess auch, dass wir die Einflüsse von außen auf ein Mindestmaß reduzieren. Ich bin also geneigt zu sagen: Schmeiß deinen Fernseher auf den Müll. Naja, es reicht, wenn du ihn einmal für einen längeren Zeitraum, zum Beispiel ein Jahr, einfach ausgeschaltet lässt. Genauso würde ich dir empfehlen, deinen Konsum von Radio, Handy, Medien, Zeitung, usw. auf ein Mindestmaß zu reduzieren bzw. wegzulassen – einfach alles was dich von dir selbst ablenkt. Du kannst dich nur selbst finden, wenn du dich sehr intensiv mit dir selbst beschäftigst und dich intensiv mit deinem Gefühlsleben auseinandersetzt. Das ist der Weg zu deinem Selbst, das heißt zur Liebe, Freude und Frieden – die oberen Bewusstseinsebenen.

Meistens ist es so, dass wir unseren Verstand einfach überfordern. Er kommt nicht zur Ruhe, das heißt, er kommt aus dem Denken nicht heraus. Wenn unser Verstand nicht zur Ruhe kommt, haben wir sehr viele unbewusste Gedanken in unserem Kopf. Es denkt ständig – und das Problem ist, dass wir uns meist mit dem Denken auch noch identifizieren. Das heißt: Wir sind im Ego-Bewusstsein und beziehen das Leiden unseres Egos, natürlich auf uns – wir leiden mit.

Der Fernseher ist ein Klassiker der Ablenkung. Bei manchen Menschen läuft er Tag und Nacht. Damit füttern wir unseren Verstand wieder mit Informationen, die er verarbeiten muss. Ein überforderter Verstand ist der Grund, warum wir viel Chaos im Kopf haben. Chaos im Kopf verursacht wiederum Angst, Unsicherheit, Kleinheit, Verwirrung – bis hin zur Depression. Unser überforderter Verstand hält uns in der Kleinheit – er hält uns in den unteren Bewusstseinsebenen gefangen.

Du kannst dir deinen Verstand wie ein Zimmer in deinem Kopf vorstellen. Wenn es voll ist mit Ego-Gedanken, fehlt es dir an Klarheit und an innerer Ruhe. Ein Gedankenzimmer voller Ego-Gedanken lässt keinen Platz für den Heiligen Geist. Es ist jedoch der Heilige Geist der Einzug in dich – und damit in deinem Verstand – haben sollte. Dadurch kommst du in dein SELBST, in die Klarheit. In weiterer Folge in die Vernunft, in die Freude, in die Liebe und in den Frieden – also in die oberen Bewusstseinsebenen.

Glaube mir, die Welt im Außen schafft keinen Frieden in dir. Die Welt im Außen ist die Welt des Egos – die Welt der Materie. Es ist die Welt der Illusionen, es ist nicht das echte Leben. Nur die geistige Welt kann dir echtes Glück, echte Freude und einen echten Frieden bringen. Dies ist eine absolute Freude – ein absoluter Frieden.

Wenn du an echten und dauerhaften Glück, Liebe und Frieden interessiert bist, dann kommst du nicht darum herum, dich nach innen zu wenden und dem Außen einmal eine Zeitlang den Rücken zu kehren – es zumindest auf ein Mindestmaß zu reduzieren.

Lass den Fernseher einmal ausgeschaltet – auch das Radio und alle anderen Ablenkungen von der Stille. Die Informationen, die durch Fernsehen etc. auf dich einprasseln, brauchst du nicht wirklich. Sie haben meistens keine echte Bedeutung für uns und es sind hauptsächlich sehr negative Informationen. Wir konsumieren diese Informationen meistens sehr unbewusst und in einem unkontrollierten Übermaß. Was hat das für einen Sinn, wenn du dir anhörst, wie schlecht die Welt da draußen ist? Wenn du erfährst, was alles schief läuft in der Politik und wer wieder irgendwelche politische Wahlen gewonnen hat – vielleicht noch in einem Land, das auf der anderen Seite der Erde liegt? Hat dieses Wissen eine unmittelbare Bedeutung für dich? Wenn du nur noch das anhörst, was wirklich eine unmittelbare Bedeutung für dich hat, dann wird das sehr wenig sein. Du konsumierst die Medien dann viel bewusster und kommst vermutlich zu dem Ergebnis, dass es nicht viel gibt, was eine unmittelbare Bedeutung für dich hat. Warum hörst du dir das dann an? Um dich darüber aufzuregen, um alles Mögliche zu beurteilen – wie gut und wie schlecht, das alles ist?

Das Beurteilen ist auch eine unbewusste Angewohnheit unseres Verstandes. Es hält uns ebenfalls in der Kleinheit, weil es unseren Verstand negativ beschäftigt. Wenn wir uns mit negativen Gedanken und Informationen beschäftigen, wird dies vorwiegend negative Auswirkungen auf uns haben. Dies ist das Gesetz der Resonanz. Wenn wir uns mit negativen Nachrichten und Medien – wie Gewalt, Terror, Krieg, Krankheit, Unfall, etc. beschäftigen, ist die Schwingung in unserem Geiste negativ. Dadurch ziehen wir wieder Negatives in unser Leben.

Wenn die Informationen aus Fernsehen und anderen Medien also hauptsächlich negativ sind und auch keine unmittelbare Bedeutung für dich haben, warum solltest du sie die dir dann weiterhin anschauen? Wenn du dir etwas anschaust, dann schau dir nur ausgewählte positive Filme an – Filme, die eine positive und hohe

Schwingung haben. Das sind Liebesfilme, oder Filme mit Humor und Tiefgang. Filme, die dein Leben positiv bereichern. Filme, die unter die Haut gehen – aber im positiven Sinne.

Aber grundsätzlich würde ich empfehlen, dich mehr mit der Stille, der Meditation und deinem Innenleben zu beschäftigen. Wie gesagt, hat die Stille eine sehr hohe Schwingung. Am Abend könntest du statt dem Fernsehen dich einfach auf dein Bett setzen und das „Einfach SEIN" praktizieren. Probiere es einmal aus. Nimm dir für die nächsten zwei Wochen vor, keinen Fernseher einzuschalten, und begib dich stattdessen, am Abend in die Stille. Du könntest dir ein schönes Kerzenlicht machen und/oder einfach die Augen schließen und in dich hinein fühlen: Was geht in dir vor? Was denkt dein Verstand? Was fühlst du?

Wenn du bereit bist, all das, was in dir vorgeht, einmal bewusst wahrzunehmen, dann wirst du bemerken, wie viel hier an Gedanken und Gefühlen deine Aufmerksamkeit benötigt. Du bist dir selbst am nächsten. Wieviel Zeit verbringst du mit dir selbst? Damit meine ich: Wieviel ungeteilte Aufmerksamkeit gibst du dir selbst? Wir haben alle eine Beziehung zu uns selbst und zu unserem Körper. Diese Beziehung hast du dein Leben lang, solange du diese Maske hast – solange du diese Rolle innehast. Wir sollten zuallererst diese Beziehung zu uns selbst pflegen. Die Beziehung zu dir selbst, ist das Fundament, um in dein Selbst zu kommen – das heißt, die Bewusstseinsebenen hinaufzuklettern. Dazu gehört auch die Selbstliebe.

Selbstliebe ist Nächstenliebe

Wenn wir in die Bewusstseinsebene Liebe kommen wollen, dann ist die Selbstliebe ein wichtiges Thema. Was verstehen wir eigentlich unter Selbstliebe? Es ist wieder so ein Wort mit „SELBST" und mit Liebe. Was unser Selbst ist, habe ich schon gesagt, aber ich sage es nochmal, weil es in diesem Zusammenhang sehr wichtig ist, dies zu verstehen. Dein „Selbst" ist dein göttlicher, geistiger, ewige Anteil an dir – es ist gleichzusetzen mit deiner Seele oder mit deinem Bewusstsein.

Wenn wir also von Selbstliebe sprechen, müssen wir uns fragen, wer hier die Liebe eigentlich benötigt. Es ist immer unser Ego, das die Liebe benötigt. Dein Ego fühlt sich als ein von Gott getrennter Körper, deshalb ist es auf Liebe von außen angewiesen. Also deine Maske – dein „Vorname Nachname" benötigt Liebe, um das Gefühl der Trennung von Gott einigermaßen zu ertragen. Dein Selbst braucht keine Liebe – dein Selbst ist Liebe.

Die nächste wichtige Frage ist: Wer kann deinem Ego die Liebe geben? Du kannst natürlich hoffen, dass es da draußen jemand gibt, der dich liebt. Das können deine Eltern, Geschwister, Freunde, deine Partnerin usw. sein. Das dich deine Eltern lieben, davon gehe ich ganz stark aus. Ich hoffe, auch deine Geschwister, wenn du welche hast. Wenn du Freunde hast, oder eine Partnerin, die dich wirklich lieben, ist das natürlich auch schön.

Ich persönlich möchte mich nicht davon abhängig machen, von jemand geliebt zu werden, um mich geliebt fühlen zu können. Dabei stellt sich dann auch immer die Frage: Was ist wirklich echte Liebe?

Auf was ich hinaus will, ist: Derjenige, der deinem Ego am nächsten ist, bist du. Du als dein Selbst bist deinem Ego am nächsten. Warum? Du als geistiges Wesen – als „SELBST" – bist mit deinem Körper jetzt untrennbar verbunden. Und du als dein Selbst solltest deinem Ego die Liebe geben, die es braucht. Eine bedingungslose Liebe, die unabhängig ist von Äußerlichkeiten, oder irgendwelchen Leistungen oder irgendwelchen Charaktereigenschaften. Einfach echte, bedingungslose Liebe. Das ist Nächstenliebe, weil du dir selbst am nächsten bist.

Du als dein Selbst bist es dir schuldig, deinem Ego die Liebe zu geben, die es benötigt. Das wird dir umso leichter fallen, je mehr du die Identifikation mit deinem Ego aufgibst. Je mehr du begreifst, dass du nicht dein Ego bist, desto eher kannst du dein Ego lieben. Wenn du dich von der Vorstellung löst, dieses kleine ICH zu sein, das zu deiner Maske gehört – dass Ich, das nach Liebe lechzt –, dann kannst du beginnen, dein Ego als dein inneres Kind zu betrachten. Du kannst dann mit den reifen Augen deines Bewusstseins, auf dein Ego schauen und sagen: „Ja, mein geliebtes Ego, ich bin bei dir, ich liebe dich bedingungslos, und so lange ich mit dir verbunden bin, werde ich dich bedingungslos lieben".

Mach deinem Ego eine Liebeserklärung, es braucht sie so dringend. Dein Ego will deine Liebe. Es will nicht irgendeine Liebe, es will vor allem deine Liebe. Du musst nur verstehen, dass du nicht dein Ego bist, sondern das Bewusstsein, das in deinem Körper wohnt. Du bist die

Liebe, die in deinem Körper wohnt. Wir glauben immer, wir sind dieser Körper – wir sind dieses kleine ICH. Nein, das bist du nicht. Das ist alles deine Maske, und deine Maske braucht Liebe, sehr viel Liebe. Gib deiner Maske die Liebe, die sie braucht. Das ist deine Hauptaufgabe. Dann kannst du erwachen – dann kannst du zum Ebenbild Gottes werden. Wenn du lernst zu lieben, so bedingungslos wie Gott liebt.

Aber fange bei dir an. Die Liebe fängt immer bei uns selbst an. Deshalb der Titel: Selbstliebe ist Nächstenliebe. Du als dein Selbst liebst dein Ego, weil du deinem Ego am nächsten bist. Es muss dir klar sein: Du bist zwei, seid deiner Menschwerdung.

Du bist dein Selbst, eine geistige Ausdehnung Gottes. Und bei deiner Inkarnation hast du eine vorübergehende zweite Identität bekommen – deine Maske, dein kleines Ich, dein Ego. Diese Identität geht beim sogenannten Tod wieder verloren, weil dein Körper nicht ewig sein kann, er ist vergänglich. Du gehst dabei wieder aus deinem Körper, und ein neuer Lebensabschnitt beginnt. Du musst aufwachen und erkennen, dass du nicht dein Körper bist, sondern eine ewige, geistige Ausdehnung Gottes – dein Selbst.

Eines kann ich dir hier versichern: Gott liebt dich bedingungslos. Gott ist ein Meister der Nächstenliebe. Er ist sich selbst am nächsten und liebt sich selbst bedingungslos. Deshalb liebt Gott auch dich bedingungslos, weil du ein individueller Ausdruck Gottes bist – weil du das Ebenbild Gottes bist. Es muss nur noch in deinem Bewusstsein ankommen, dass du das Ebenbild Gottes bist.

Das wunderbare an der Sache ist: Je mehr du die Bewusstseinsebenen hinaufkletterst, desto mehr kommst du in dein Selbst. Und je mehr du in deinem Selbst bist, desto weniger bist du auf Liebe angewiesen – weil du immer mehr zur Liebe wirst. Du entfernst dich immer mehr von der Identifikation mit deinem Ego und dadurch wirst du immer mehr von Liebe durchströmt – weil du zur Liebe wirst. Die Fähigkeit, sich selbst zu lieben, ist also auch maßgeblich gebunden an die Bewusstseinsebene, auf der wir uns befinden.

Manchmal höre ich im Gespräch, das die Selbstliebe oft mit Egoismus verwechselt wird. Ich möchte dir erklären wie das mit dem Egoismus ist: Ein Mensch, der sich sehr stark als Ego wahrnimmt, der also noch sehr weit unten ist auf den Bewusstseinsebenen, der ist mit aller Wahrscheinlichkeit ein sogenannter Egoist. Er sieht sich nur als Ego, lebt völlig in der Trennung und hat von Liebe keine Ahnung. Er kann sich weder selbst lieben, noch kann er Liebe verströmen. Er hat ein großes Manko, was die Liebe betrifft, und dieses Manko versucht er mit anderen Mitteln aufzufüllen – meist, indem er nur auf sich schaut und sich auf Kosten anderer bereichert.

Dies hat natürlich nichts mit Selbstliebe zu tun, sondern ist in Wirklichkeit, ein Mangel an Selbstliebe. Hätte er genug Selbstliebe, würde er übergehen vor Liebe und würde Liebe verströmen. Wo Liebe im Übermaß vorhanden ist, wird sie unweigerlich auf andere übergehen. Das ist das Wesen der Liebe.

Wie du das mit der Nächstenliebe am besten hinbekommst, sehen wir uns im nächsten Kapitel an.

Dein Körper ist ein Geschenk

Du bist dir selbst am nächsten, bedeutet: Dein Ego und dein damit verbundener Körper sind dir als geistiges Wesen am nächsten – weil dein Geist deinem Körper innewohnt. Dein Ego und dein Körper brauchen auch dringend deine Liebe. Deine Liebe ist primär eine geistige Einstellung zu dir, zu deinem Körper, zu dir als Person.

Viele Menschen haben ein Problem mit der Selbstliebe. Sie verurteilen sich, sie sind hart zu sich selbst, sie gehen streng mit sich ins Gericht. Man hat manchmal das Gefühl, sie sind sich nicht selbst am nächsten, sondern sie sind sich selbst der größte Feind. Dies ist kein Akt der Liebe und auch nicht der Nächstenliebe. Gott will, das du dich liebst, dass du dich bedingungslos liebst, ohne Wenn und Aber, so, wie er das auch tut.

Wie denkst du über dich als Person? Wie denkst du über deinen Körper? Bist du bereit, alle deine Urteile über dich und über dein bisheriges Leben aufzugeben? Bist du bereit, deinen Körper so anzunehmen, wie er jetzt ist? Bist du bereit, neu anzufangen?

Das Leben ist ständige Weiterentwicklung, ständiges Lernen und unterliegt ständigen Schwankungen. Wir sind ein Prozess. Was du Gestern noch auf eine bestimmte Art gemacht hast, kannst du Morgen auf eine ganz andere Art machen. Jeden Tag hast du die Chance zu wachsen, dich zu entwickeln und aus deinen Erfahrungen zu lernen. Du kannst dich jederzeit entscheiden, etwas anderes zu machen und neue Wege zu gehen. Du kannst auch jeden Tag ein besserer

Mensch werden, es ist deine Entscheidung. Du kannst jeden Tag dein Denken über dich und über deinen Körper korrigieren. Du kannst beginnen, dich durch die Brille der Liebe zu sehen.

Du kannst einmal einen Tag der Liebe nur für dich machen. Verwöhne dich einen Tag lang von Kopf bis Fuß, so, wie du ein geliebtes Kind verwöhnen würdest, wenn es heute seinen Geburtstag hätte. Zeige dir selbst, ob du die Selbstliebe „drauf hast".

Das beginnt damit, dass du dich vielleicht mit einem wunderbaren Frühstück verwöhnst – an einem wunderschön gedeckten Tisch, auf dem es an nichts fehlt. Nimm dir Zeit, genieße alles ganz langsam und bewusst, bleib nach dem Frühstück sitzen. Genieße noch dein „meditatives Sein". Fühle dabei in dich hinein, wie dir dieses Frühstück gutgetan hat.

Wie fühlt es sich an, wenn du dir ganz bewusst etwas Gutes tust? Was machst du als Nächstes? Nur du kannst wissen, was du heute brauchst und was du tun willst. Spüre in dich hinein. Vielleicht möchtest du bummeln gehen. Vielleicht machst du einen ganz bewussten, langsamen Spaziergang in der schönen Natur.

Am Abend könntest du dir eine gutes, warmes Bad einlassen oder warm duschen. Dabei kannst du ganz bewusst spüren, wie schön es ist, wenn du längere Zeit das warme Wasser über deinen Körper laufen lässt. Versuche, dich ganz intensiv zu spüren, wie schön es ist, deinen Körper zu haben. Er ist ein Geschenk, er hat fünf Sinne. Mit ihnen kannst du das Leben so richtig intensiv wahrnehmen. Vor dem Zubettgehen, kannst du noch folgende Übung machen: Nimm dir einen Handspiegel mit ins Bett. Setze dich gemütlich auf dein Bett und schau dir dabei durch den Handspiegel ganz intensiv in die Augen. Bleibe dabei ungefähr 20 Minuten und nimm dich einfach intensiv wahr. Damit meine ich nicht, dass du dich kritisch betrachten sollst, sondern dass du dir einfach intensiv in die Augen schaust. Du kommst dir dabei sehr nahe. Man sagt: die Augen sind der Spiegel der Seele.

Wenn du dir also sehr intensiv in die Augen schaust, kannst du als dein „SELBST" ein sehr starkes Gefühl zu dir als „EGO" und zu deinem Körper aufbauen. Das kann auch emotional werden, das ist gut so. Du könntest dir auch an dieser Stelle ein eigenes Versprechen geben. Zum Beispiel; das du immer auf dich achten wirst, dass du dich nie für andere verbiegen wirst und dass du dich immer aufrichtig lieben wirst, so stark, wie es dir möglich ist. Mach dir eine Liebeserklärung mit deinen eigenen Worten. Es reicht auch einfach ein von Herzen ausgesprochenes: „Ich liebe dich, mein lieber Vorname".

Diese Übung ist eine wertvolle Übung zur Selbstliebe. Vielleicht nimmst du dir vor, diese Übung die nächsten Woche immer wieder zu machen. Es tut gut, es hebt deine Selbstliebe und dein Selbstwert Gefühl auf ein neues Niveau.

Der Schlüssel zu einem intensiveren und liebevolleren Leben ist die Bewusstheit im Alltag. Dazu gehört auch die Langsamkeit und das intensive Fühlen. Mehr fühlen statt denken. Fühlen, tust du mit dem Herzen, bzw. mit dem ganzen Körper. Es ist eine sensitive Wahrnehmung der Liebe. Durch mehr fühlen wirst du auch sensitiver. Wenn wir lernen, unser Denken zu reduzieren, werden wir mehr ins Fühlen kommen. Dies ist wichtig, um liebevoller zu werden – um die Liebe in dein Leben einzuladen.

Beurteilst du deinen Körper noch? Ja? Warum machst du das? Was bringt es dir, deinen Körper zu beurteilen. Ich beobachte, dass es den Menschen im allgemeinen schwerfällt, ihren Körper so anzunehmen, wie er ist, unabhängig davon, wie schön sie sind. Wobei Schönheit immer relativ ist.

Auch die Superschönen meckern an ihrem Körper herum und sind unzufrieden. Jeder Körper, jede Maske, ist anders. Du hast jetzt diese Maske, weil du genau mit dieser Maske in diesem Leben am meisten lernen kannst. In deinem vorigen Leben hattest du eine andere Maske, vielleicht warst du da Supermodell und sehr, sehr eingebildet. Nun hat dich das Leben vielleicht mit einem bescheideneren Aussehen ausgestattet, damit du lernst, wie es ist, wenn man kein Supermodell ist. Auch diese Erfahrung muss jeder machen.

Du kannst deinen Körper nicht ändern – du kannst nur deine Einstellung zu ihm ändern. Du kannst dich einfach so akzeptieren, wie du bist, Punkt. Wenn du als Mann eine Körpergröße zwischen 160 cm und 220 cm hast, oder als Frau eine Körpergröße zwischen 140 cm und 190 cm, dann ist alles okay, dann bist du in der Norm. Ungefähr in diesem Rahmen bewegen sich alle männlichen und weiblichen Körper. Von klein bis groß, von dick bis dünn, alles ist irgendwie normal und irgendwie in der Norm.

Mach dir einfach selbst den Gefallen, deinen Körper so zu nehmen wie er ist. Denn jeder Tag, an dem du an dir zweifelst, ist ein verlorener Tag. Und übrigens: Ich glaube, wenn du in diesem Leben nicht lernst, dich einfach so anzunehmen, wie du bist, dann wirst du vielleicht im nächsten Leben wieder genau an derselben Lektion weiterlernen müssen. Also vielleicht wirst du dann wieder einen Körper bekommen, der nicht perfekt ist, nur um zu lernen, das Leben und deinen Körper einfach so anzunehmen, wie er ist. Wie in der Schule, einmal wiederholen bitte, ein weiteres Klassenzimmer der Liebe.

Es ist mühsam, an seinen eigenen Fähigkeiten, am eigenen Aussehen, oder allgemein an eigenen Leben zu zweifeln. Es bringt nichts außer Frust, das musst du verstehen. Und meistens ist es der Selbstzweifel, der uns an der Selbstliebe hindert. Es ist nicht die Begeisterung an uns selbst, die uns an der Selbstliebe hindert. Du musst all deine Glaubenssätze über dein Perfekt sein aufgeben. All deine Selbstzweifel sind nur Schranken in deinem Kopf, die du noch öffnen musst, um weiter in Richtung Selbstliebe gehen zu können.

Das Beurteilen und das Vergleichen mit anderen sind die besten Freunde des Selbstzweifels. Hör einfach auf damit, gehe einfach über diese Stufe hinaus. Komm in die Vernunft: Wer ist für dein Glücklichsein verantwortlich? Richtig, nur du. Beurteilen und Vergleichen sind keine guten Ratgeber, um glücklich zu werden. Je weniger du beurteilst und vergleichst, desto leichter wird es für dich. Steig aus deinem Denken aus, komm in das Fühlen, in das Genießen. Beginne, deinen

Körper mit deinem Herzen wahrzunehmen und nicht mit den Augen.

Du hast nur jetzt diesen Körper. Wenn du nicht jetzt lernst, ihn zu lieben, wann dann? Ich empfehle dir, ab sofort eine lebenslange Liebesbeziehung mit deinem Körper und deinem Ego einzugehen. Du bist mit deinem Körper untrennbar verbunden, wenn du ihn nicht liebst wer soll es dann tun. Wenn du deinen Körper lieben lernst, wenn du vor Selbstliebe strotzt, dann wirst du auch die Liebe in Form von potentiellen Liebespartnern in dein Leben ziehen.

Du strahlst es aus, wenn du dich selbst liebst – davon kannst du aus gehen. Es ist aber auch umgekehrt: Wenn du schlecht über dich denkst, wie sollen dann die anderen über dich denken? Wenn du dich selbst nicht liebst, wie kannst du dann erwarten, dass dich andere lieben, wie soll das gehen? Auch deine unliebsame Art zu dir selbst strahlst du aus, und auch sie wird erwidert. Das ist das Gesetz der Resonanz.

Selbstliebe ist in erster Linie eine geistige Einstellung zu dir. Mit mehr Bewusstheit wird es dir leichter fallen, dich selbst zu lieben, und dieses Mehr an Bewusstheit erlangst du auch am Weg zu deiner Selbstfindung.

Die Selbstfindung

Ich habe es schon gesagt: Gott ist das ewige allumfassende Bewusstsein, und in unserer Essenz sind wir das Ebenbild Gottes. Wir sind jeder ein Teil dieses ewigen, allumfassenden, göttlichen Bewusstseins. Dein SELBST ist ein individueller Ausdruck Gottes.

Die meisten Menschen kennen nur ihr Ego und ihren Körper – ihre Maske. Dein Ego ist dein kleines Ich. Es glaubt, ein von Gott getrenntes Individuum in Form deines Körpers zu sein. Diese Tatsache macht deinem Ego Angst, genauer gesagt, ist dein Ego aus der Angst geboren. Es identifiziert sich seit deinem Kleinkindalter mit deinem Körper, daher glaubt es an die Krankheit und an den Tod.

Für dein Ego ist dieses Leben ein Überlebenskampf. Dies erkennst du immer dann, wenn du in irgendeiner Form Angst hast. Die Angst kommt immer aus dem Ego. Wir haben viele Programmierungen in uns, die aus der Angst hervorgehen. Das kann sein: Du musst gut sein, du musst stark sein, du musst dich anstrengen, du musst aufpassen denn das Leben ist gefährlich, du musst dich durchsetzen gegen die anderen, usw. Dein Ego lebt in der Trennung, dadurch hat es Angst. Es fühlt sich von Gott getrennt, und das ist das Problem. Erst wenn wir die Bewusstseinsebenen hinauf klettern, bekommen wir ein Bewusstsein dafür, was unser Ego ist, und das dieses Ego nicht unsere wahre Identität ist.

Ich sehe immer wieder, wie Menschen in ihrem Ego leiden – sei es in der Arbeit, in Beziehungen, oder in der Partnerschaft. Manchmal haben Sie einfach ein

Problem, ihr Leben zu bewältigen. Sie leben in den unteren Bewusstseinsebenen und somit leben sie in der Illusion der Trennung. Durch diese Bewusstseinsebene – durch ihr starkes Ego – ziehen sie wieder Menschen in ihr Leben, die ebenso in diesen Bewusstseinsebenen leben. Es bildet sich ein kollektives Ego, aus dem es ohne bewusster Herangehensweise schwer ist auszusteigen.

Ein Ausweg aus diesem Teufelskreis ist ein offenerer und bewussterer Zugang zur Meditation. Die Meditation ist ein wesentlicher Faktor, um aus dem Ego – das heißt aus den unteren Bewusstseinsebenen – herauszukommen. Nur durch die Praxis der Meditation stellen wir eine Verbindung zum Heiligen Geist her – eine Verbindung zu Gott. Diese Verbindung ist ein unerlässliches Element, um dem Leiden ein Ende zu bereiten und aus der Ego-Illusion auszusteigen. Mit der Meditation beginnen wir langsam, die Bewusstseinsebenen hinaufzuklettern. Es ist eine stetige, aber sichere Befreiung, wenn wir der Meditation einen fixen Platz in unserem Leben einräumen.

Wenn wir täglich eine halbe Stunde diesem „Bewusst Sein" in unserem Leben Platz geben, wird sich dies schon nach ein paar Wochen positiv auf unser Leben auswirken. Unser Denken beruhigt sich, und wir bekommen einen klaren Blick auf die Dinge.

Wenn du der Meditation einen fixen Bestandteil in deinem Leben gibst, wird sich alles andere wie von selbst ergeben. Es ist in der Tat so, als würde dir Gott unter die Arme greifen. In der Meditation lädst du Gott in dein Leben ein, und das bleibt nicht unbelohnt.

Die Mediation unterstützt Folgendes:

.) Du gibst Gott mehr Raum in deinem Leben.

.) Die universelle Intelligenz greift in dein Leben ein.

.) Dein Denken beruhigt sich, und du wirst klarer im Kopf.

.) Du machst neue Erkenntnisse in der Meditation.

.) Deine Intuition wird ausgeprägter.

.) Du erhebst dich aus deinem Ego-Bewusstsein.

.) Du kletterst langsam, aber stetig die

Bewusstseinsebenen empor.

.) Du erkennst nach und nach deine wahre geistige Natur.

Deine wahre geistige Natur zu erkennen, ist das Ergebnis der „Selbstfindung". Es ist ein spiritueller Weg heraus aus dem Ego-Bewusstsein, hinein in dein göttliches Sein, dein SELBST.

Diese Selbstfindung ist ein Weg, bei dem wir die Bewusstseinsebenen durchschreiten. Stufe für Stufe erwachen wir etwas mehr aus dem Traum, etwas außerhalb von Gott zu sein. Ab der Bewusstseinsstufe „Vernunft" wird uns allmählich klar, dass es mehr gibt als unser Ego. Wir beginnen dann, uns intensiver mit uns selbst auseinanderzusetzen. Wir erforschen unser eigenes Dasein. Wir verspüren dann einen inneren Drang, uns mehr und mehr selbst zu erkennen.

Uns selbst zu erkennen bedeutet, dass wir unser SELBST, also unseren göttlichen Anteil in uns erkannt haben. Dieser göttliche Anteil ist unsere wahre Essenz, es ist unser ewiges Leben. Es ist unabhängig davon, welche Maske wir zurzeit aufhaben. Es ist unser Bewusstsein, das wir für immer und ewig sind. Es ist ein neues ICH-Gefühl, das wir dadurch bekommen. Es ist eine außerordentliche Befreiung zu erkennen, wer du wirklich bist. Es ist dein spirituelles Erwachen – dies gleicht einem Ankommen bei Gott. Dieses Ankommen bei Gott ist gleichzeitig ein Ankommen in der Liebe, den Gott ist die Liebe. Wenn Gott die Liebe ist, dann ist auch unser Selbst die Liebe. Wir landen in der Bewusstseinsebene Liebe, und dadurch werden wir wieder zur Liebe. Freude, Frieden und Erleuchtung sind dann nur noch eine Frage der Zeit. Der Weg der Selbstfindung ist meiner Meinung nach für jeden möglich, der sich dafür öffnet. Es ist ein Weg, der durch die Finsternis deiner inneren Ängste, Begrenzungen und Blockaden führt, hin zu einem neuen Leben in Liebe, Freude und einen göttlichen Frieden.

Veränderung als Chance sehen

Das Leben, von dem wir alle ein Teil davon sind, ist grundsätzlich Veränderung. Unser Ego jedoch liebt es meist, in gewohnten Strukturen zu verharren. Es vermeidet Veränderungen, weil es Angst hat; es möchte die Sicherheit des Gewohnten nicht verlieren. Auch wenn das Gewohnte nicht unseren Vorstellungen von Glück und Freude entspricht und oftmals eher einem Kampf mit dem Leben gleicht, ist unser Ego trotzdem geneigt, in diesen Strukturen zu verharren. Es gleicht oft einem Schrecken ohne Ende, statt einem Ende des Schreckens.

Je nachdem, auf welcher Bewusstseinsebene sich der Mensch befindet, überwiegt die Angst vor Veränderung dem Drang und dem Mut, etwas zu verändern. Wir bleiben dann in unseren gewohnten Mustern und Strukturen stecken, und dies kann langfristig sehr belastend sein. Der Körper signalisiert uns vielleicht schon seit Langem, dass eine Veränderung angesagt ist. Die Signale, die unser Körper aussendet, sind meist Schmerzen, manchmal auch chronische Schmerzen, bis hin zur Krankheit. Unser Körper ist ein intelligentes Instrument und weiß meist besser, was für uns gut ist, als wir mit unserem Verstand.

Unser Ego sitzt auch in unserem Verstand, und dieser wird von unserem Ego stark beeinflusst. Deshalb treffen wir unsere Entscheidungen, wenn wir sie aus dem Verstand heraus treffen, immer auch mit dem Ego – das heißt aus der Angst heraus, denn die Natur unseres Egos ist es, Angst zu haben. Natürlich, es fühlt sich als sterblicher Körper, der von Gott getrennt ist. Der bessere

Weg wäre es, unsere Entscheidungen mit dem Herzen zu treffen. Unser Herz ist angebunden an die Liebe – an Gott – es ist der richtige Kompass für unser Leben. Wenn wir beginnen, auf unser Herz zu hören, haben wir einen guten Berater an unserer Seite. Das Herz kennt keine Angst, es kennt nur die Liebe. Die Angst und die Liebe stehen sich immer Gegenüber. Wo die reine Liebe ist, kann keine Angst mehr sein – und umgekehrt.

Die Angst kommt immer aus dem Ego, zweifellos. Wenn du die Angst spürst egal in welchem Zusammenhang, dann weißt du, dass hier dein Ego aktiv ist. Beobachte die Angst, ja, erkenne an, dass dein Ego jetzt Angst hat, und dann gehe durch die Angst hindurch. Durch die Angst hindurch gehen bedeutet, du folgst deinem Herzen und nicht deinem Ego. Du wirst sehen: Die Angst war unberechtigt. Gleichzeitig lernt dein Ego, dass du es nicht mehr ernst nimmst. Es wird Zusehens ruhiger werden, weil es erkennt, dass es nichts bringt, dir Angst zu machen, da du nicht mehr darauf reagierst. Dein Geist wird stärker. Du bist über dein Ego hinaus gegangen, in dein Selbst. Du entscheidest immer öfter aus deinem Selbst, aus der Liebe heraus, aus deinem Herzen.

Dies ist der Beginn einer neuen Lebensqualität. Du kannst auf diese Art Veränderungen leichter herbeiführen, weil du deine Angst – dein Ego – überwindest. Du bekommst mehr Vertrauen ins Leben und wirst selbstbewusster. Ich habe schon erklärt, was Selbstbewusst eigentlich bedeutet. Du wirst dir deiner SELSBT bewusst. Das strahlst du auch aus und hast eine innere Sicherheit, weil du allmählich erkennst, wer du wirklich bist, und das deine Angst eine Illusion ist.

Dieses Selbstbewusstsein ist echt und hat nichts mit einem überzogenen männlichen oder kompetenten Auftreten zu tun. Es gibt auch ein unechtes Selbstbewusstsein – dieses aufgesetzte, das man mit echtem Selbstbewusstsein leicht verwechseln kann, wenn man den Unterschied nicht kennt.

Dieses unechte, vermeintliche Selbstbewusstsein, das manche Menschen ausstrahlen, ist eine Fassade, die ihr Ego sich zurecht gelegt hat, um nicht oder weniger angreifbar zu sein. Es ist ein Zurschaustellen von Coolness, Macht und Reichtum – meist verbunden mit viel Bla-Bla-Bla und einem makellosen Auftreten. Menschen mit diesem falschen, aufgeblähten Selbstbewusstsein, haben meist ein sehr starkes Ego, wissen nicht wer sie sind, und sind in Wirklichkeit sehr ängstlich. Sie fahren oft ein großes, teures Auto, haben die besten Outfits und die schönsten Immobilien. Andere haben stählerne Muskeln und die schönsten Frauen an Ihrer Seite. All das, was ihr Ego braucht, um sich sicher und stark zu fühlen. Es ist ein Selbstbewusstsein an der Oberfläche, nicht in ihrem Inneren, nicht in ihrem Bewusstsein. Eigentlich sollte diese Art von Selbstbewusstsein nicht Selbstbewusstsein heißen, sondern Egobewusstsein.

Dein echtes Selbstbewusstsein, ist eine innere Gelassenheit und Ruhe. Ein angekommen Sein in deinem SELBST – ein Ankommen bei Gott. Das ist ein Teil deines spirituellen Prozesses. Wenn du das erreichst, bist du spirituell schon sehr fortgeschritten und hast einen hohen Bewusstseinsgrad erreicht. Versuche also nicht, dir ein künstliches Selbstbewusstsein zurecht zu legen, es ist einfach nur peinlich und kostet dir nur viel Energie und Geld, um die Täuschung aufrecht zu erhalten.

Gehe in die Stille, gehe ich die Meditation, und du wirst dir deiner Selbst bewusst werden. Es ist dann ein echtes Selbstbewusstsein, dass du damit erlangst. Dieses Selbstbewusstsein braucht kein Zurschaustellen von irgendetwas – nicht mit Geld, nicht mit teuren Autos oder sonstigen Reichtümern. Es braucht kein Herabsetzen anderer, um selbst besser dazustehen. Es braucht keine Aggression, keinen Angriff, keine Gewalt. Echtes Selbstbewusstsein fragt nicht danach, was die anderen denken. Es kümmert sich nicht darum, ob dich jemand kritisiert oder ob dich die anderen mögen. Du hast das nicht mehr notwendig, beliebt zu sein. Du gehst deinen Weg – mit oder ohne jemand anderen. Du hast Gott an deiner Seite. Was willst du noch mehr?

Du brauchst auch kein teures Auto mehr, oder schöne Frauen zum Angeben. Das Ganze ist Schnee von gestern. Dein Ego ist so klein geworden, weil du dich Selbst gefunden hast, weil du weißt, wer du bist. Du fährst dein Auto, weil du gerne mit ihm fährst, weil du dich in ihm wohlfühlst, weil du es liebst. Ob es nun teuer ist oder nicht, ist dabei völlig egal. Du hast deine Freundin, weil du sie von Herzen liebst, weil du gerne mit ihr zusammen bist, nicht weil du jemand brauchst zum Repräsentieren.

Dieses echte Selbstbewusstsein ist ein spiritueller Zustand – eine Bewusstseinsebene, auf der du dich bereits befindest. Es wird dir helfen, dein Leben leichter, gelassener und mit einem inneren Frieden zu leben. Du wirst frei von Angst und triffst deine Entscheidungen von nun an mit dem Herzen. Du wirst auch in der Folge entscheidungsfreudiger werden, weil deine Angst, die dich bisher gehemmt hat, nicht mehr da ist, bzw. hörst du nicht mehr auf sie. Du nimmst also mit neuem Selbstbewusstsein und neuen Mut die notwendigen Veränderungen in deinem Leben in Angriff. Diese Veränderungen bringen deine spirituelle Entwicklung mit sich. Wenn du diese anstehenden Veränderungen nicht machst, trittst du auf der Stelle. Es sind Veränderungen, die dir das Leben anbietet, um weiterzukommen, weiter auf dem Weg zu Gott zurück, weiter zu einer unglaublichen Befreiung, die auf dich wartet. Höre auf dein Herz, es wird dir sagen, wo es lang geht. Wenn sich Veränderungen abzeichnen, gehe in dich und fühle, spüre, ob es sich gut und richtig anfühlt. Höre auf, mit dem Kopf zu denken, fühle mit deinem Herzen. Fühlt es sich wie Liebe an? Wenn du deine Angst beiseiteschiebst, wenn sie einfach nicht da wäre, würdest du dann diesen neuen Weg gehen? Wenn ja, dann geh ihn, worauf willst du warten? Dein Verstand – dein Ego – wird immer Angst haben, aber die Angst ist nicht die Wahrheit. Die Wahrheit ist die Liebe.

Dein kleines Ego macht dich stark.

Dein Ego ist klein geworden, aber an innerer Stärke hast du enorm dazu gewonnen. Diese innere Stärke ist nicht diese Stärke, die wir kennen, im Sinne von Stark sein im Außen. Es ist eine sanfte Stärke, eine Stärke, die man auf den ersten Blick nicht erkennt. Eigentlich ist es eine Gelassenheit, eine Stärke, die ihre Stärke nicht zur Schau stellt. Es ist eine göttliche Stärke, im Grunde ist es eine Demut.

Das Leben ist auf deiner Seite

Mit der Meditation machst du neue Erfahrungen. Du tauchst ein in die geistige Welt und beginnst allmählich, ein spirituelles Leben zu führen. Du wirst neue Werte für dich entdecken, die dir bisher vielleicht fremd waren. Stille, Meditation, einfach SEIN werden einen neuen Stellenwert in deinem Leben einnehmen.

Je mehr du dich auf dieses spirituelle Leben einlässt, desto mehr gehst du auf Gott zu. Gott wartet auf dich, er möchte, dass du nach Hause kommst – aber nicht erst bei deinem sogenannten Tod. Ich meine das sinnbildlich. Du bist ein geistiges Kind Gottes. Wenn du mehr dieses geistige Prinzip lebst, dann ist das wie ein Nach-Hause-Kommen zu Gott.

Wenn wir verstehen das wir ein Teil des Lebens sind – ein Teil Gottes, dann können wir uns getrost dem Leben hingeben. Das Leben sorgt für dich, wenn du dem Leben dein Vertrauen schenkst. Das Leben meint es immer gut mit dir, da kannst du dir sicher sein. Vor allem wird dies Spürbar wenn du dein eigenes Ego-Denken zurück nimmst und dich der Meditation hingibst. Die Meditation ist die stille Hingabe an Gott – an das Leben.

Du kannst aber auch eine ganz bewusste Entscheidung treffen, in dem du Gott dein Leben in die Hand gibst. Es geht dabei darum, dein Ego loszulassen und dich nur noch von Gott – dem Heiligen Geist – führen zu lassen. Das klingt zunächst wie eine Aufopferung oder ein Verzicht, aber das ist es nicht. Es ist ein Aussteigen aus deiner ICH-Identität, deinem kleinen Ich, das Ich deiner Maske. Es ist der Beginn eines Lebens, aus deinem höheren ICH, dass angebunden ist an die göttliche Führung.

In der Praxis kannst du das so machen, dass du in einem Gebet oder auch durch ein Schreiben Gott bittest, dich auf deinem weiteren Lebensweg zu führen. Es reicht aber natürlich auch ein geistiges Gebet. Gott braucht keine Worte und auch keine Zeilen. Dein Wille, deine Entscheidung und deine Gedanken sind völlig ausreichend. Es ist aber für dich vielleicht verbindlicher und bedeutungsvoller, wenn du das schriftlich machst.

Du findest sicher die richtigen Worte, höre auf dein Herz. Es sollte auf jeden Fall von deinem Herzen kommen und absolut ehrlich gemeint sein.

Wenn du das gemacht hast, beginnt dein Leben, eine neue Qualität zu bekommen. Lebe dein Leben dann ganz normal weiter, aber triff immer weniger Entscheidungen mit dem Kopf, sondern mit deinem Herzen, deinem Gefühl, deiner inneren Stimme, deiner Intuition. Die Intuition ist deine innere Stimme, die Stimme, die von Gott kommt. Manche nennen es auch das Bauchgefühl, obwohl es eigentlich dein Herz ist. Die höhere Führung wirst du deutlich wahrnehmen, sie ist deine innere Stimme. Sie fühlt sich sehr klar an, und es gibt darin keine Zweifel.

Gehe mutig deinen Weg. Lass die Angst beiseite, sie kommt aus dem Ego, und vertraue auf Gott.

Vielleicht wird sich dein Leben positiv verändern. Es wird darauf ankommen, was du dir vom Leben wünschst und wofür du dich entscheidest. Lass dich einfach überraschen.

Gib das Beurteilen auf und nimm alles so, wie es kommt. Es gibt nichts Negatives, alles hat seinen Sinn, auch wenn du ihn momentan noch nichts erkennst. Das Leben meint es immer gut mit dir. Darauf solltest du vertrauen, wenn du dich der göttlichen Führung hingibst.

Du musst dabei verstehen, dass das Leben, also Gott, grundsätzlich die geistige Welt ist, und dass du ein Teil davon bist. Nur unser Ego glaubt, etwas außerhalb von Gott, etwas außerhalb dieser geistigen Welt zu sein. Das ist der größte Irrtum, dem wir unterliegen.

Dein Ego nimmt sich als materieller Körper wahr, als sterblicher Körper. Doch du bist nicht dein Körper, du bist der Geist, der in deinem Körper wohnt. Dieses Leben in deinem Körper, das bist du. Wir Menschen haben durch unser Bewusstsein die Fähigkeit, dies zu erkennen und uns dadurch aus dem Leiden zu befreien. Das ist der spirituelle Weg, die spirituelle Befreiung.

Du bist ein untrennbarer Teil dieses Lebens, ein Teil von Gott. Wenn du dich immer wieder in der Meditation mit dem Leben verbindest, wirst du dich allmählich selbst finden und wieder eins werden mit dem Leben. Die Trennung, die es nur in deinem Ego gibt, gibst du dabei auf.

Gehe den Weg der Liebe

Wenn du bereit bist, dich selbst zu finden, dann lässt du dich ein auf ein Leben mit Gott – auf ein Leben in Liebe. Du verlässt die Angst, die dich bisher regiert hat, weil du dein Ego entlarvst, weil du dich mit deinem Ego nicht mehr identifizierst. Deine Ego wird immer da sein, solange du diese Maske hast, es ist ein fester Bestandteil deiner Maske – deines Körpers. Aber du weist dann, dass dein Ego ein Bestandteil deiner Maske ist und nicht von dir selbst. Deine Maske ist vergänglich, sie altert, und du wirst sie einmal ablegen – und damit legst du auch dein Ego ab. Aber die Identifikation mit deinem Ego kannst du schon jetzt ablegen. Was hindert dich daran?

Wenn du die Identifizierung mit deinem Ego ablegst, wird dein Leben ein leichteres werden. Es wird deshalb ein leichteres Leben, weil du dich an der Liebe orientierst und nicht mehr an der Angst. Aus der Angst treffen wir immer Entscheidungen, die aus dem Verstand kommen. Wenn wir bereit sind, unseren Verstand beiseite zu lassen und das zu tun, was uns unser Herz sagt, dann wird das ein neues Leben in Liebe werden. Wenn Entscheidungen anstehen, fragst du dich einfach: Was würde die Liebe jetzt machen? Die Liebe geht immer den Weg, der für die Liebe das Beste ist. Die Liebe ist immer dort wo die Freude ist. Triff deine Entscheidungen mit dem Herzen – dein Herz ist dein Kompass für die Liebe. Triff deine Entscheidungen nicht mit dem Verstand, denn dort sitzt dein Ego – das hat Angst.

Dein Ego sieht immer nur das Geld, den Erfolg, den Besitz, die Arbeit, den Reichtum. Aber ist das der Weg der Liebe? Ist das der Weg den dein Herz auch gehen würde? Ist das der Weg der Freude? Wenn du mit jemanden ein Geschäft machst, schaust du dann nur auf deinen Gewinn? Schaust du nur darauf, dass du für dich das meiste herauszuholen kannst? Das ist der Weg des Egos, der Weg, der aus deinem rationalen Verstand kommt. Wenn du mit dem Herzen an die Sache heran gehst, dann wirst du darauf achten, dass es für beide Beteiligten ein gutes Geschäft ist, das jeder für sich ein zufriedenes Gefühl hat.

Ich bin zum Beispiel keiner, der gerne verhandelt. Wenn ich etwas kaufe, dann zahle ich meistens den Preis, der dafür ausgezeichnet ist. Außer, ich habe das Gefühl es ist zu teuer, dann frage ich einmal höflich nach, und wenn es bei dem Preis bleibt, dann lass ich es. Ich will niemanden um seinen Gewinn bringen.

Das Leben ist immer ein Spiegel deiner selbst. Wir nennen es auch das Gesetz der Resonanz. So wie du mit anderen Menschen umgehst, so wird man auch eines Tages mit dir umgehen. Auf die eine oder andere Art, kommt alles im Leben auf uns zurück. Dies ist ein Naturgesetz, es wird auch als Karma bezeichnet.

Wenn wir uns für den Weg der Liebe entscheiden, dann werden wir die Liebe in unser Leben einladen. Die Selbstliebe ist das Fundament dafür, aber es gehören auch weitere Bausteine der Liebe dazu, wie: Rücksicht, Respekt, Mitgefühl, Akzeptanz, Achtsamkeit, Geduld, Loyalität, Freundlichkeit, Humor, Zärtlichkeit, Romantik und die Körperliche Liebe. All dies sind Aspekte der Liebe, auf die wir bei unserem Miteinander Wert legen sollten. Jeder dieser Bausteine ist ein Ausdruck von

Liebe und gehört in unser Leben integriert. Je mehr wir an der Liebe festhalten, desto eher werden wir die Bewusstseinsebenen empor in Richtung Liebe klettern.

Auf diesem Weg kommt dir die Liebe entgegen. Sie wird dich überraschen, und sie wird einen festen Bestandteil in deinem Leben haben. Dazu gehört auch, dass du dein Herz für die Liebe öffnest, dass du all deine Vorstellungen von einer ideale/n Partner/in, die du im Kopf hast, loslässt und einfach offen bist für die Liebe. Wenn wir sehr starre Vorstellungen haben, wie ein/e Partner/in aussehen soll, begrenzen wir uns selbst in unserem Kopf. Wir sind dann gar nicht offen für die Liebe, sondern suchen einen Menschen, der in unsere Vorstellung einer Maske hineinpasst. Die Maske ist jedoch nur die Erscheinung nach außen hin. Die beste, den besten und liebeswerteste/n Partner/in, siehst du vielleicht gar nicht, weil er oder sie nicht deinen Vorstellungen entspricht. Das ist schade und nur das Resultat einer kopfgesteuerten Partnersuche.

Die/der ideale Partner/in ist derjenige oder diejenige, bei dem oder der eine seelische Anziehung gegeben ist. Diese seelische Anziehung machte eine Beziehung erst zu einer richtig guten Beziehung.

Mit dem Kopf kannst du sicher auch eine/n Partner/in finden, das ist richtig. Ob dies dann eine echte Liebe ist, wird sich herausstellen. Aus der Erfahrung weiß ich: Es gleicht dann oftmals eher einem guten Kompromiss, als der echten Liebe.

Das Geheimnis die echte Liebe zu finden, ist einfach: Sich für die Liebe zu öffnen und nichts Bestimmtes zu erwarten. Wenn du dein Herz für die Liebe öffnest und du triffst dich mit anderen Leuten, ohne etwas zu erwarten, dann wirst du bald in einer wunderbaren Liebesbeziehung sein. Idealerweise brauchst du niemanden, aber du bist offen für die Liebe. Du liebst dich selbst, und du hast Freude daran, deine Liebe zu verschenken. Das ist eine gute Basis, um eine wunderbare Liebesbeziehung einzugehen. Je weniger konkrete Vorstellungen du im Kopf hast, wie diese/r Partner/in aussehen soll, desto besser. Lass dich auch hier einfach vom Leben überraschen.

Das Verlieben ist eine wunderschöne Sache, es ist eine Herzenssache. Dein Herz tanzt und deine Seele fühlt sich angekommen – ein Glücksrausch der besonderen Art. Auf dem spirituellen Weg ist das Verliebtsein ein wichtiges Detail, es ist ein Vorgeschmack darauf, wie man sich fühlen kann, wenn man tatsächlich in der Liebe ankommt. Wenn du den Weg der Liebe gehst, wird die Liebe dein Leben in vollen Zügen bereichern, davon kannst du ausgehen.

Hat die Maske einen Selbstzweck?

Oder anders ausgedrückt: Hat mein Leben als „Vorname Nachname" einen Selbstzweck?

Ich bin ein bekennender spiritueller Mensch, das wird dir wahrscheinlich schon aufgefallen sein. Mein spiritueller Weg war ein sehr schöner Weg, der in einer unglaublichen Befreiung geendet hat, wir nennen es auch die Erleuchtung. Es ist dies die Befreiung aus deinem Ego oder eigentlich aus deiner Identifikation mit deinem Ego. Du erkennst dabei, dass dein Ego eine Illusion ist.

Dabei wurde mir so manches bewusst. Zum Beispiel ist mir bewusst geworden, was der eigentliche Sinn meines Daseins, also meines Lebens ist. Ich spreche jetzt absichtlich nur von mir als „Christian Lipp", weil ich dir nicht deine eigene Illusionen rauben möchte. Wenn du glaubst, das dein Leben für dich einen anderen Sinn hat als meines für mich, dann respektiere ich das voll und ganz. Es geht mir nur darum, dir eine neue, eine spirituelle Perspektive aufzuzeigen, was das Leben für einen Sinn haben könnte. Es geht mir auch darum, dich spirituell aufzuklären, also dir zu zeigen, was der höhere Sinn deines Daseins sein könnte.

Aus meiner Beobachtung weiß ich, das viele Menschen in ihrem Leben an ihre Grenzen gehen. Sie eilen und hetzen durch ihr Leben und sind dabei meist sehr unbewusst. Sie arbeiten viel, sie wollen Erfolg, sie wollen Geld, Macht und Reichtum, aber warum wollen sie das alles? Meiner Meinung nach sind diese Menschen Opfer der Ego-Falle geworden. Das Ego, das sich als sterblicher Körper war nimmt und an eine einmalige Existenz in Form deiner Maske als „Vorname Nachname" auf dieser Welt glaubt, will alles erreichen, bevor es wieder in den ewigen Tod geht. Es will die Welt erobern, und dazu sind ihm alle Mittel recht. Oft sind es gar nicht unsere eigenen Wünsche und Bedürfnisse, denen wir hier nachjagen, sondern die unserer Ego-Illusion, unserer Eltern, unserer Partner oder die unserer Chefs. Aus Angst, nicht gut genug zu sein oder nicht den Erwartungen zu entsprechen, nehmen wir manchmal viel in Kauf und geben alles.

Wenn man sich spirituell weiterentwickelt, wird man mit mehr Bewusstsein beschenkt. Dabei kommt irgendwann einmal der Punkt, an dem man sich die Fragen stellt: Warum tue ich das? Wofür tue ich das? Hat das alles einen Sinn? Was hat das Leben für einen Sinn? Wozu bin ich hier auf dieser Welt? Hat das Leben eventuell einen höheren Sinn, als nur Geld, Macht und Erfolg?

Dabei erkennt man immer mehr die Ego-Illusion und das dieses Streben unseres Egos nicht zu wahrer Erfüllung, wahrem Glück, Freude und einen inneren Frieden führen kann. Es ist ein Irrtum zu glauben, dass wir in der Erfüllung unserer materiellen Träume und Wünsche ein wahres Glück und zu einem wahren Frieden finden können. Wir können kurzfristige, oberflächliche, Glücksmomente haben. Diese führen dazu, wieder etwas Besseres oder etwas Teureres anzuschaffen, etwas mehr Geld zu machen, oder noch erfolgreicher zu sein, als beim letzten Mal, um wieder einen weiteren Glücksmoment zu haben. Wenn der Erfolg ausbleibt, sind wir frustriert und leiden. Es gibt uns das Gefühl, uns noch mehr anstrengen zu müssen. Manchen Menschen mit einem sehr starken Ego, sind dabei alle Mittel recht, um wieder einen Erfolg und einen Glückmoment zu haben.

Die Lösung dieses Problems liegt nicht in der Erfüllung unserer Wünsche oder Träume, sondern in der Beseitigung oder Auflösung unserer Wünsche, Bedürfnisse und unserer Träume. Die Lösung liegt in der Bedürfnislosigkeit, die sich einstellt, wenn wir in einen inneren Frieden kommen. Diesen inneren Frieden finden wir, wenn wir die Bewusstseinsebenen hinaufklettern in Richtung Liebe, Freude, Frieden, Erleuchtung. Heraus aus dem Ego, aus der Angst, hinein in die Liebe, in dein Selbst, das deine ewige göttliche Essenz ist.

Dein ganzes Streben nach Geld, Macht, Erfolg, auch deine Ablenkungen von dir selbst, wie Fernsehen, Reisen, Laufen, Arbeiten, etc. sind alles nur ein Produkt deines Egos, das nichts davon weiß wer du tatsächlich bist. Ich möchte dies alles nicht verurteilen, es ist alles gut, aber es bringt uns keinen ewigen Frieden in uns.

Wir suchen diese Dinge, weil wir uns im Grunde selbst suchen. Wir haben eine gewisse Leere in uns, weil unsere Seele eine Sehnsucht hat, nach Hause zu kommen. Da wir aber kaum unsere Seele bzw. unser geistiges Dasein beachten, spüren wir zwar diese Sehnsucht, aber wir wissen nicht, woher sie kommt. Unser Ego versucht dann, diese Sehnsucht mit äußeren Mittel, die es kennt, wie oben beschrieben, zu befriedigen.

Einen beständigen Glückszustand in uns, der mit nichts zu vergleichen ist, können wir jedoch nur finden, wenn wir unser Seele nach Hause bringen, zurück zu Gott. Dies gleicht einen unermesslichen Frieden, der mit Glückseligkeit am besten zu beschreiben ist, den du am Weg zu dir selbst findest. Es ist die Selbstfindung, in der du bei dir ankommst, weil du dabei auch bei Gott ankommst. Dies ist für mich der wahre und höhere Sinn des Lebens – bei Gott wieder anzukommen.

Jetzt kommen wir noch zur Hauptfrage die dieses Kapitel hat. „Hat die Maske einen Selbstzweck".

Für mich hat die Maske keinen Selbstzweck. Die Tatsache, dass wir nach der Erleuchtung aus dem Kreislauf von Tod und Wiedergeburt aussteigen, ist für mich ganz klar ein Indiz dafür, dass die Maske keinen Selbstzweck hat. Sie hat sehr wohl einen höheren Zweck. Es ist der Zweck, unsere Seele zu Gott zurück zu bringen, unser Bewusstsein zu transformieren – von einem niederschwingenden Ego-Bewusstsein in ein hochschwingendes Gottes-Bewusstsein. Nur wir als Menschen haben die Möglichkeit, Bewusstsein zu transformieren. Ein weiterer Sinn ist natürlich, dass wir hier auf dieser Erde alle unseren Zweck erfüllen, diesen Schauplatz Erde zu erhalten. Jedem von uns sind dafür seine eigenen Talente und Fähigkeiten mitgegeben worden. Meistens leben wir gar nicht unsere wirklichen Fähigkeiten aus, weil wir uns sehr oft mit unserem Verstand etwas Eigenes ausdenken, das sich aber selten richtig anfühlt. Wir kämpfen dann gegen das Leben und reden uns ein: „Das Leben ist ein Kampf".

Oftmals spüren wir zwar, dass unsere Talente ganz woanders liegen und das wir mit etwas anderem viel glücklicher wären, trauen uns aber nicht, die nötigen

Veränderung in Angriff zu nehmen, weil wir wieder durch unser Ego in der Angst gefesselt sind und glauben es könnte etwas schiefgehen, wir könnten vielleicht einen Misserfolg haben. Solange wir uns mit unserem Ego Identifizieren, leben wir in der Angst, und wir werden wahrscheinlich nicht den Weg gehen, der für uns vorbestimmt ist. Doch gerade dieser Weg wäre der richtige Weg und würde sich wie eine SELSBT-Verwirklichung anfühlen.

Wenn wir uns mehr vom Heiligen Geist führen lassen würden, wäre dies ein Leben im Paradies. Gott greift dir dabei unter die Arme und du bist im Flow. Du lebst deine Selbstverwirklichung, und du legst dein Leben in die Hände Gottes. Du findest dich selbst und hast das Gefühl, du bist unsterblich – das bist du nämlich auch. Du nimmst dich selbst als „Vorname Nachname" nicht mehr so wichtig, und gerade dadurch bekommt dein Leben eine enorme Leichtigkeit und eine neue Qualität.

Nur weil ich sage, dass meine Maske keinen Selbstzweck hat, meine ich nicht, dass es sich nicht lohnt zu leben. Im Gegenteil, ich genieße mein Leben sehr, ich genieße es in vollen Zügen, und das würde ich dir auch empfehlen. Dies gelingt uns aber um vieles leichter, wenn wir bereit sind, unser Ego zu erkennen, es loszulassen und den Weg Gottes zu gehen. Den Weg, der für uns vorbestimmt ist, wenn wir also unseren Seelenplan leben. Wie das geht, darauf möchte ich im nächsten Kapitel nochmals eingehen.

Dein Erfolg liegt in der Luft

Mit deinem Erfolg meine ich auch dein wahrhaftiges Glück, deinen wahrhaftigen Seelenfrieden. Den Erfolg, den das Leben dir zugedacht hat und von dem dein Ego nur träumen kann. Weil der Erfolg, den das Leben dir zugedacht hat, ein Erfolg sein wird, der deiner Selbstverwirklichung gleicht. Es wird kein Erfolg sein, den du dir mühsam erkämpfen musst, so wie es das Ego kennt. Das Ego kennt immer nur den Erfolg auf Verstandesebene. Es kennt nur Zahlen, Fakten, Ergebnisse, Materie. Es hat von deinem Seelenfrieden, von Selbstverwirklichung, von Glückseligkeit und von einem Ankommen bei Gott keine Ahnung.

Es weiß nicht wie es sich anfühlt, angekommen zu sein. Da fallen plötzlich viele deiner Wünsche und Bedürfnisse von dir ab, weil du diese nicht mehr brauchst. Sie lösen sich einfach in Luft auf, ohne das es ein Verzicht auf etwas ist. Es ist so ein seelisches Glück, dass du dabei erfährst, das mit nichts zu vergleichen ist. Diesen Erfolg meine ich – deinen spirituellen Erfolg. Den Erfolg, wenn du bei dir selbst – bei deinem Selbst – ankommst, das ist dein spiritueller Erfolg.

Warum sage ich „Dein Erfolg liegt in der Luft", wie meine ich das? Ich habe schon gesagt die geistige Welt ist quasi unsere Parallelwelt. Die geistige Welt ist die Welt Gottes, es ist der Heilige Geist. Wir sind alle Bestandteile dieser Welt, wir sind mit ihr untrennbar verbunden. Sie ist am selben Ort zur gleichen Zeit wie die materielle Welt. Sie ist nicht irgendwo da oben im Himmel. Nein, der Himmel ist unter uns. Da oben sind nur die Wolken, und der Regen und der Schnee kommen von da oben. Aber du bist bereits im Himmel, du musst es nur wahrhaben wollen und spüren. Dein Ego hindert dich daran, dies zu glauben und dies wahrzunehmen. Wir sind so beeinflusst von dem Anblick der Materie, dass wir das Geistige – das Unsichtbare – nicht wahrhaben wollen. Doch ich sage dir, das Geistige ist viel wichtiger als die Materie. Es hat viel mehr Einfluss auf unser Leben, als wir uns dies vorstellen können. Das Geistige ist unser Leben. Das andere ist nur unsere Maske, nur unsere Rolle, um uns damit in der geistigen Welt – als geistige Wesen, die wir sind – weiterzuentwickeln.

Der Heilige Geist ist hier, er ist quasi in der Luft, er ist überall dort wo keine Materie ist und manchmal ist er in der Materie. Bei allem, was lebt, ist der Heilige Geist in der Materie, wie zum Beispiel bei dir und bei mir, sonst könnten wir gar nicht leben. Wir sind der Heilige Geist, wir sind nicht die Materie. Dies ist die Grunderkenntnis in der Spiritualität. Du bist nicht die Maske, du bist der Geist, der deine Maske belebt. Du bist ein Teil des Heiligen Geistes, wie ein Tropfen aus dem Ozean. Du bist ein Teil des Lebens, reines Bewusstsein und reine Liebe.

Dies zu begreifen, wird dir zunächst vielleicht schwer fallen. Vielleicht hast du dich mit Spiritualität bisher noch nicht viel beschäftigt. Ich hoffe, du schmeißt das Buch nicht in eine Ecke und denkst dir: „Was schreibt der da für einen Schwachsinn?". Wenn es so ist, dann weiß ich, dass du dieses Buch nach einiger Zeit wieder heraus holen wirst und du wieder von vorne damit beginnen wirst, es zu lesen. Die Spiritualität lässt uns nicht in Ruhe, solange wir uns nicht Gott zurückgegeben haben, das kann ich dir versichern. Vielleicht brauchst du noch das eine oder andere Leben – die eine oder andere Maske – um dafür bereit zu sein. Aber du wirst darauf zurückkommen, das ist einfach so. Es ist deswegen so, weil wir alle geistige Kinder Gottes sind. Wer glaubst du, hat dich erschaffen? Du bist ein Produkt Gottes, ein geistiges Produkt Gottes. Du kommst aus Gott, aus der Quelle des Lebens. Vielleicht hast du bisher geglaubt, du bist ein Fleischklöpschen mit zwei Händen und zwei Beinen, das nach ein paar Tagen wieder stirbt. Das ist okay, das ist ganz normal, damit bist du in guter Gesellschaft. Aber irgendwann kommt für jeden die Zeit des Aufwachens, für manche früher, für manche später. Vielleicht ist deine Zeit auch jetzt gekommen. Ich hoffe es für dich, den wofür Zeit verschwenden und weiter leiden?

Das Leben im Ego ist ein einziges Leiden im Vergleich zum Leben, wenn du dich aus deinem Ego befreit hast. Das kannst du erst verstehen, wenn du dies erfahren hast. Du kannst diese Befreiung nicht erzwingen, aber du kannst dich dafür öffnen, um dies zu erfahren. Die Befreiung ist letztendlich eine Gnade Gottes.

Wenn ich sage: „Dein Erfolg liegt in der Luft", dann meine ich, dass dein spiritueller Erfolg in der Zuwendung an die geistige Welt liegt. Er liegt darin, dass du dich in der Meditation an Gott wendest, dass du dadurch eine Beziehung mit Gott eingehst. Es ist wie ein Anklopfen bei Gott.

Ich möchte jetzt nicht nochmals ausführlich auf die Meditation eingehen, das habe ich schon in vorigen Kapiteln gemacht, Aber ist möchte dich nochmals dafür sensibilisieren, wie wichtig es ist, sich in der Meditation mit dem Geistigen zu verbinden. Ich weiß aus eigener Erfahrung, wie dir das Leben unter die Arme greift, wenn wir lernen, uns durch die Meditation dem Leben zuzuwenden. Und das Leben ist in der Tat das Geistige, das, was wir nicht sehen können. Es liegt also buchstäblich in der Luft. Die Materie hat eine untergeordnete Bedeutung, sie ist schön und nett, aber sie ist nicht das Leben selbst. Das Leben selbst ist eine geistige Quelle, wir nennen es Gott. Wir sind alle untrennbare Teile davon. Das musst du dir einmal auf der Zunge zergehen lassen. Du bist ein untrennbarer Teil des Lebens, für immer und ewig.

Wenn du ein untrennbarer Teil dieses Lebens bist – dieser geistigen Welt – und du nimmst nie Kontakt auf mit dem Leben, mit dieser geistigen Welt, wie willst du dann erwarten, dass dein Leben wirklich funktioniert? Das ist so ähnlich, wie wenn du eine Beziehung mit einer Frau eingegangen bist, aber du kümmerst dich nie um deine Partnerin. Wenn ihr euch die ganze Zeit ignoriert, wird die Beziehung vermutlich nicht funktionieren.

Wenn wir uns der geistigen Welt nie zuwenden, dann wird das Leben uns nicht beachten, sowie wir das Leben nicht beachten. Wende dich dem Leben zu – durch die Meditation – und du wirst bald sehen, welchen Unterschied dies macht. Du wirst dich besser fühlen, du wirst mehr Leichtigkeit erfahren, und du wirst mehr Erfolg haben – auf der ganzen Linie. Das Leben wird dir unter die Arme greifen, indem du einfach dein eigenes Denken zurück nimmst und in die Meditation gehst.

Die Meditation ist etwas, das man schwer erklären kann. Sie ist einfach ein geistiges Phänomen, ich würde sagen, ein göttliches Phänomen. Wenn wir uns der Meditation zuwenden, verbinden wir uns mit Gott, mit dem Absoluten. Etwas höheres gibt es nicht. Es ist die universelle Intelligenz, die wir damit in unser Leben einladen. Meiner Meinung sollten wir schon in der Schule lernen zu meditieren. Wir lernen so viel auf Verstandesebene, aber wir lernen nichts auf der Bewusstseinsebene. Wir haben auch keinen spirituellen Unterricht in unseren Schulen, das ist sehr schade. Es wird uns nicht gesagt, wer wir wirklich sind, als wäre das etwas unwichtiges.

Wenn wir das Geistige nicht in unser Leben einladen, dann leben wir ein Leben ohne Gott. Sieh die Meditation wie ein Gebet. Die Meditation ist das beste Mittel, um mit Gott eine Verbindung einzugehen. Ich empfehle dir, zumindest jeden Tag 20 Minuten in der Stille zu sein, deine Gedanken loszulassen, und zu Meditieren, so wie ich es schon beschrieben habe. Es ist nicht schwer. Meditieren kann man lernen, man muss es nur wollen.

Wenn du mit Meditation überhaupt noch keine Erfahrungen gemacht hast, dann brauchst du am Anfang etwas Geduld und den Willen, durchzuhalten. Meditation ist im Grund etwas Einfaches. Meistens können wir einfach nur unser Denken nicht aushalten, deshalb hören die Menschen nach ein bis zwei Versuchen wieder auf. Dein Denken nicht auszuhalten ist erstens schon mal ein Zeichen, dass hier wer anderer denkt als du selbst. Es ist ein unwillkürliches Denken deines Verstandes, der nicht du bist, sondern eben dein Verstand, dein Ego. Ein Teil deiner Maske die vergänglich ist. Du jedoch bist ewiges Leben. Du musst jetzt einfach lernen, dieses Denken dir eine Zeit lang anzuschauen, ohne es zu beurteilen und wieder neu darüber nachzudenken. Manchmal gibt es Gedanken, die man sich genauer anschauen muss, aber die meisten lösen sich auf, indem wir sie einfach nur bewusst anschauen – das heißt beobachten und weiterziehen lassen. Mit zunehmender Dauer der Meditation wird dein Bewusstsein gestärkt. Du wirst dann auch irgendwann soweit sein, dass du bewusst entscheiden kannst, jetzt das Denken völlig einzustellen. Dies wäre natürlich ein Erfolg, weil im Nichtdenken – im sogenannten Nullpunkt – Meditation erst richtig anfängt. Wenn du das schaffst, wirst du allmählich Herr über deinen Verstand.

Ein weiteres Mittel, um richtig in die Meditation zu kommen, ist, dass du deine Aufmerksamkeit auf deinen Atem richtest, der sanft durch deine Nase ein- und ausströmt. Oder nimm einfach wahr, wie sich dein Bauch leicht hebt und wieder senkt. Wenn du dich darauf fokussierst, dann kannst du gar nicht gleichzeitig denken. Hier kannst du einfach ein wenig herum experimentieren. Du wirst sehen, es ist nicht schwer. Mit etwas Übung wird dir die Sache sogar Spaß machen. Vielleicht wirst du noch süchtig nach Meditation – eine gesündere Sucht kann ich mir nicht vorstellen.

Man kann bei der Meditation auch eigentlich nichts falsch machen. Das Einzige, was falsch ist, ist, es überhaupt nicht zu machen – das ist der größte Fehler. Ich hoffe also für dich ich, dass du deinen Weg findest und dass die Meditation bald Teil deines Lebens wird.

Entdecke die Magie der Stille

Der spirituelle Weg ist ein Weg, der begleitet wird von Meditation, Liebe und Stille. In der Hektik des Alltags kann man sich nicht selbst finden. Immer mehr erkennst du die heilsame Wirkung der Stille. Die Stille ist der Raum, in dem du Gott begegnest – in dem du dich zu Hause fühlst – in dem du wieder in deine Mitte kommst. Du tankst in der Stille wieder auf und bist dann wieder bereit, „deinen Mann zu stehen", also deine Aufgaben zu bewältigen und deinen Verpflichtungen nachzukommen. Aber du wirst immer wieder in diese Stille zurückkehren wollen, weil es für dich der Ort geworden ist, an dem du deine Batterien auflädst.

Du findest dich selbst bedeutet, dass du Gott findest, und Gott findest du nur in der Stille, weil es in der geistigen Welt diesen Lärm nicht gibt, den wir hier in der materiellen Welt kennen. Die beiden Welten sind zwar gleichzeitig am selben Ort, aber sie haben unterschiedliche Schwingungen und Bewusstseinsebenen. Die geistige Welt ist eine Welt des Friedens, eine ruhige Welt, die keine Worte braucht. Nicht mal Musik ist hier zu hören – die Stille ist die Musik selbst – sie wird für dich zur Musik des Lebens.

Wenn du eintauchst in diese Stille, wenn du dich ihr richtig hingibst, wirst du merken, dass von ihr ein Frieden ausgeht, den du sonst in dieser Art an keinem anderen Ort finden kannst. Dieser Frieden ist mit nichts vergleichbar, er ist von einer anderen Welt, er ist göttlich.

Jedoch ist der Ort, an dem du diesen Frieden finden kannst, kein Ort im Sinne eines geographischem

Platzes, an dem du dich befindest, sondern ein Ort, der unabhängig davon ist, wo du dich befindest. Es gibt diese Stille überall, du musst nur lernen, sie wahrzunehmen. Es ist im Grunde eine Stille in dir, ein Herausgehen aus deinem lauten Umfeld und ein Hineingehen in dich selbst, dorthin, wo Stille stattfinden kann.

Es ist eine Frage der richtigen Wahrnehmung. Grundsätzlich kannst du die Stille auch in einem lauten Umfeld wahrnehmen, wenn du geübt und sensibel dafür bist. Wenn du gelernt hast, dich auf dich zu beziehen, auf dein Inneres, in deinem Brustraum, dort, wo dein energetisches Herz sitzt – dort findet Stille statt. Ein ruhiges Umfeld ohne Ablenkungen macht die Sache natürlich leichter und unterstreicht die Stille in deinem inneren mit Stille im Außen.

Für manche Menschen ist die Stille noch etwas Unangenehmes. Sie sagen zwar: „Ich will Ruhe und Entspannung", aber sie meinen, sie wollen keine Arbeit und keine Hektik. Stille jedoch wollen sie auch nicht. Stattdessen lenken sie sich ab und hören dann Musik, schauen Filme oder beschäftigen sich mit den neuen Medien. Im besten Fall lesen sie ein Buch. Aber sie lenken sich ab, um nicht wirklich in die Stille zu kommen, die in ihnen stattfinden könnte, wenn sie es zulassen würden.

Wenn du dich ablenkst, kannst du aber nicht zur echten Stille kommen. Zur echten Stille gelangst du nur ohne Ablenkung, ohne Musik, ohne Medien, ohne Buch und ohne Denken. Schaffe dir ein ruhiges Umfeld und versuche, dein Denken einzustellen.

Stille ist etwas das entsteht, wenn auf Ablenkungen verzichtet wird. Die oben beschriebenen Ablenkungen werden zu Störfaktoren, und es kann keine Stille aufkommen. Die Abwesenheit von Ablenkungen schafft erst den Raum für die Stille. Dazu ist eine echte Bereitschaft notwendig. Wir sind so an die Ablenkungen gewöhnt, dass wir sie nicht als Störfaktoren wahrnehmen. Aber um die echte Stille zu erfahren, sind Musik, Film, Fernsehen, Medien aller Art, Unterhaltung, Lesen und Denken, Ablenkungen.

Die Stille ist ein Bewusstseinsfeld mit einer sehr hohen Schwingung – die Liebe. Durch Verweilen in diesem Bewusstseinsfeld wirkt diese hohe Schwingung auf dich, sodass deine eigene Schwingung erhöht wird. So kletterst du die Bewusstseinsebenen hinauf.

Auf höheren Bewusstseinsebenen wird die Stille dein Zuhause. Du empfindest dann die Ablenkungen als störend und möchtest in diesem stillen Raum verweilen. Er vermittelt dir einen Ort der Geborgenheit, einen Ort, an dem du angekommen bist und in dem du einen absoluten Frieden gefunden hast. Es ist schlichtweg die Meditation, in der du dein Zuhause findest. Die Stille und Meditation wird dein ständiger Begleiter.

Dein Leben auf der Formebene – im Außen – ist eine schöne Abwechslung, die du auch sehr genießt. Aber die Stille – die Meditation – ist immer wieder ein spiritueller Ausflug in die geistige Welt – zu deinen geistigen Wuzeln – den du nicht mehr missen willst. Es ist ein Besuch bei Gott, deinem Vater. Die Formebene wird zur schönen Nebensache.

Der spirituelle Weg

Du hast jetzt schon viel über Spiritualität gelesen. Vielleicht ist es ein Thema, mit dem du dich bisher noch nicht oder nur wenig beschäftigt hast. Tatsache ist, dass wir alle spirituelle Wesen sind, ob wir dies nun glauben oder nicht. Wir sind alle in unserer Essenz Geist, ein Teil des allumfassenden Geistes, ein Teil des Heiligen Geistes, das Ebenbild Gottes.

Wir können dies verleugnen oder einfach nicht wahr haben wollen, dann bleiben wir in unserem Ego gefangen und glauben weiterhin an die Maske. Wir identifizieren uns dann weiterhin mit unserem Körper, glauben demnach an Krankheit und an den Tod. Das ist damit verbunden, dass wir weiterhin leiden und weiterhin in der Angst bleiben. Wir leben nicht das wunderbare Leben, das Gott für uns vorgesehen hat, sondern wir leben weiterhin in einer Illusion. Wir leben die Rolle, die wir als „Vorname Nachname" inne haben, und verpassen es, unser tatsächliches SELBST zu finden und ein Leben zu führen, dass einer Selbstverwirklichung gleicht.

Der spirituelle Weg ist der Weg, der uns aus der Illusion heraus führt. Es ist der Weg, auf dem wir unsere wahre geistige Natur erkennen. Es wird uns im Laufe dieses Weges bewusst, dass wir nicht das sind, wofür wir uns gehalten haben. Unser Körper ist ein wunderbares Werkzeug, Erfahrungsinstrument und unser Zuhause für dieses eine Leben. Gleichzeitig stellt er unseren Auftritt für dieses eine Leben dar – deine Maske eben. Er ist die Sichtbarmachung unserer Seele. Dieses eine Leben ist eines von vielen anderen Leben. Jedes Leben ist ein Klassenzimmer der Liebe auf unserem Weg zurück zu

Gott. Du hast deinen Körper, um dich hier in dieser dualen Welt als geistiges Wesen weiterzuentwickeln, das heißt, auf den Bewusstseinsebenen hinaufzuklettern. Dein Körper ist dein Werkzeug, aber du bist nicht dein Körper. Dein Körper ist vergänglich, du jedoch bist ewiges Bewusstsein.

Dass wir bereit sind einen spirituellen Weg zu gehen, können wir daran erkennen, dass wir uns Fragen über das Leben stellen: Wer bin ich? Wer ist Gott? Was ist der Sinn des Lebens? usw. Wenn du ein Mensch bist, der die Stille bevorzugt, also die Abwesenheit von Lärm, Hektik und anderen Menschen, dann kann dies auch ein Indiz dafür sein, dass du für deinen spirituellen Weg bereit bist. Wir gehen in die Stille, weil wir dort eine Verbindung zu Gott spüren. Weil wir spüren, dass unsere Seele diese Verbindung zu Gott sucht. Die Stille und das Alleinsein sind Bereiche, in denen Meditation stattfindet.

Wenn du bereit bist für deinen spirituellen Weg, wirst du automatisch in die Stille, also in die Meditation gehen wollen. In der Stille öffnet sich ein Tor zu Gott, wir treten ein und erfahren hier den Frieden des Lebens. Dieser Frieden ist mit nichts anderen vergleichbar, es ist ein innerer Frieden, den du hier erfahren kannst. Deine Seele fühlt sich hier zu Hause. Das spürst du natürlich, denn du bist deine Seele, du bist nicht dein Ego. Wenn du bereit bist für deinen spirituellen Weg, wirst du dich in die Meditation verlieben. Du wirst dabei deine geistige Natur wieder erkennen und entdecken, dass die Meditation ein Ort ist, in dem deine ewige Heimat zu finden ist.

Durch den spirituellen Weg finden wir wieder Zugang zu unserem wahren Sein. Wir finden wieder Anschluss zu Gott, dem Heiligen Geist. Dies ist eine wahrliche Bereicherung für unser Leben. Wir nehmen unser eigenes Denken, unser Ego-Denken, mehr und mehr zurück, und lassen uns vom Leben – von Gott – führen.

Aus Gesprächen mit anderen Menschen weiß ich, dass wir oft das Gefühl haben, durch äußere Umstände in die Stille und Meditation gezwungen zu werden. Eine Krankheit oder ein Unfall sind oft der Anlass, in die Stille zu gehen und über das Leben nachzudenken. Wenn der Körper nicht so mitmacht, kommen wir in eine Ruhe, die uns das Leben aufzwingt und in die wir sonst nie gekommen wären. Weil wir die Botschaften unseres Körpers nicht wahrnehmen, weil wir auch die Suche, die wir innerlich verspüren, nicht richtig einordnen können, muss uns das Leben zum Anhalten hinführen. Wir verspüren oft eine innere Suche, einen inneren Drang, Frieden zu finden, und glauben oft, dass das, was wir suchen, im Außen zu finden ist. Wir können aber diesen inneren Frieden nur in der Zuwendung zu Gott finden. Die Zuwendung zu Gott ist immer eine Zuwendung nach innen. Nur in unserem Herzen finden wir zurück zu Gott.

Später stellt sich oft heraus, dass diese Veränderung ein Segen war. Ein Segen deshalb, weil wir endlich anhalten, endlich ruhiger werden und endlich in die Stille und somit in die Mediation finden. Durch eine Krankheit oder Unfall in die Meditation zu finden, ist auch ein Weg, aber meiner Meinung nach nicht der richtige. Wir können uns auch aus freien Stücken dafür entscheiden, etwas zurückzutreten, etwas ruhiger zu werden und der Stille etwas Raum in unserem Leben geben. Es muss ja nicht gleich die Selbstfindung sein, die wir anstreben, oder ein spiritueller Weg. Aber es wird unser Leben bereichern, wenn wir das Geistige – wenn wir Gott – in unser Leben einladen.

Die Meditation ist eine spirituelle Praxis, die dein Leben verändert. Das merkst du schon nach einigen Tagen. Wenn du es ausprobierst für einige Tage, oder einige Wochen, wirst du merken, ob es dir guttut. Wenn es dir guttut, wird die Meditation ein Selbstläufer. Du wirst dich in die Meditation verlieben, weil du mit der Meditation die Liebe in dein Leben lässt. Du schnupperst sozusagen in diese höheren Bewusstseinsebenen, Liebe, Freude, Frieden. Dieses Hineinschnuppern wird dich entweder verzaubern oder es berührt dich nicht. Wenn es dich verzaubert, bist du bereit für deinen spirituellen Weg. Wenn es dich nicht berührt, oder du kämpfst damit, dann machst du entweder etwas falsch oder du bist noch nicht bereit für die Liebe – für die Meditation.

Die Meditation ist immer ein Eintauchen in ein hochschwingendes Bewusstseinsfeld – die Liebe. Es kann sein, dass uns dies am Anfang Angst macht, weil es uns fremd ist. Ein starkes Ego kann ebenso ein Grund sein, nicht in die Liebe und nicht in die Meditation zu kommen. Wie es für dich ist, kannst du nur selbst erfahren. Wir sind oft so sehr an die materielle Welt gewöhnt, an das Leben im Außen, dass uns die Stille – die Liebe – Angst macht. In Wirklichkeit ist es das Ego, das sich hier bedroht fühlt und das zeigt sich durch Angst. Angst ist immer die Sprache des Egos, es wurde aus der Angst geboren.

Der spirituelle Weg ist im Grunde ein denkbar einfacher Weg. Wir brauchen uns auch gar nicht überlegen, wie wir diesen Weg zu gehen haben, was wir falsch machen können oder nicht, denn es gibt kein Falsch und kein Richtig. Das wichtigste ist die spirituelle Praxis, also die Meditation. Alles andere kommt eigentlich von selbst, weil du in der Meditation eine engere Verbindung zum Leben eingehst. Du beginnst, dich vom Leben führen zu lassen, und lebst im Fluss mit dem Leben. Es ist eine stille Hingabe an das Leben.

Wir brauchen also nicht zu warten bis uns das Leben in die Enge treibt und uns durch Krankheit oder Unfall ans Bett fesselt. Wir können eine bewusste Entscheidung treffen, uns mehr mit dem Leben zu verbinden. Einfach in die Meditation zu gehen, ich habe es schon beschrieben, wie das funktioniert. Ich würde sogar empfehlen, eine bewusste Entscheidung zu treffen, dich dem Leben hinzugeben. Dies ist eine bewusste Hingabe an das Leben. Man kann dies im Geiste tun, durch ein Gebet oder einfach auch schriftlich.

Das Leben hat einen Plan für dich, jede Seele hat einen Seelenplan, und es fühlt sich an wie eine Selbstverwirklichung, wenn wir diesen Seelenplan auch tatsächlich leben. Wenn du dich auf das Leben einlässt, ohne Wenn und Aber, dich Vertrauensvoll in die Hände Gottes begibst, dann bekommt dein Leben eine neue Qualität. Dabei nehmen wir unser eigenes Denken – unser eigenes Ego – zurück und lassen uns hineinfallen in das Leben. Dein Ego wird dabei klein, aber das brauchst du nicht mehr, weil du gleichzeitig die Trennung in deinem Geiste auflöst.

Ein kleines Ego macht dich stark

Wir haben meist die Vorstellung, dass wir ein starkes Ego brauchen, um im Leben bestehen zu können. Dazu müssen wir uns nochmal anschauen, was unser Ego eigentlich ist. Unser Ego ist eine in unserem Verstand entstandene ICH-Vorstellung, die glaubt, ein von Gott getrennter Körper zu sein. Wenn du diesen Satz verstehst und wenn du verstehst, dass du kein von Gott getrennter Körper bist, sondern ein geistiges Wesen, das für immer und ewig mit Gott verbunden ist, dann verstehst du auch, dass dein Ego eine Illusion ist.

Solange wir die Vorstellung haben, diese Maske zu sein, also ein von Gott getrennter Körper zu sein, solange leben wir in der sogenannten Trennung. Wenn wir in der Trennung leben, dann ist ein starkes Ego nachvollziehbar, weil wir immer ums Überleben kämpfen. Wenn wir bereit sind, über den Tellerrand unseres Egos hinauszusehen, dann öffnen wir uns für die Möglichkeit, das Leben – und uns selbst – anders wahrzunehmen wie bisher. Diese neue Wahrnehmung ist auch eine Sache, die allmählich kommt. Sie kommt auch durch die Meditation und sie kommt auch mit der Bereitschaft, die Dinge, die wir gewohnt sind, einfach bewusst zu hinterfragen. Es erfordert ein grundlegendes Umdenken, und ein Sich-Öffnen für ein anderes – für ein neues Denken. Nur weil etwas Jahrelang für dich so war, und du Jahrelang der Meinung warst ein Körper zu sein, heißt das nicht, dass du heute nicht damit beginnen kannst, über etwas neu zu denken. Wir haben immer die Wahl, etwas neu zu sehen und unsere Wahrnehmung zu korrigieren. Manchmal ist es an der Zeit, seine Wahrnehmung zu korrigieren, wenn sich die Möglichkeit anbietet. In gewohnten Denkmustern zu bleiben, ist auch eine Möglichkeit, aber es ist kein Fortschritt, es ist kein Weiterkommen im spirituellen Prozess, es ist kein Hinaufklettern der Bewusstseinsebenen. Wenn wir im Ego-Denken verharren, bleiben wir in der Trennung, wir bleiben in der Angst und wir werden immer kämpfen, gegen das Leben und gegen andere Menschen.

Ein starkes Ego brauchen wir nur in der Trennung. Es bedeutet, Kampf, Macht, Angst, Neid, Hass, Eifersucht, Gewalt, Krieg. All dies sind Attribute der Trennung. Allein die Einstellung, dass wir ein starkes Ego brauchen, ist ein Zeichen von Kampf. Unser kämpferisches Verhalten hat nichts mit Liebe zu tun. Es kommt aus der Angst und erzeugt wieder Kampf. Weil uns das Leben immer das spiegelt was wir aussenden, das ist das Gesetz der Resonanz. Wir kämpfen ein Leben lang und finden keinen inneren Frieden. Das Leben gleicht einem einzigen Überlebenskampf. Wenn wir in uns gehen und darüber reflektieren, werden wir erkennen, das genau diese Einstellung uns nicht in den ersehnten Frieden kommen lässt.

Solange wir unser starkes Ego aufrechterhalten – solange wir daran festhalten –, werden wir die Bedingungen vorfinden, die unser starkes Ego rechtfertigt. Wir werden kämpfen müssen, Angst haben und werden weiter leiden, weil wir den Nährboden dafür in unserem Bewusstsein schaffen. Es gleicht, wie so oft, einer selbsterfüllenden Prophezeiung: Das was du vom Leben erwartest, wird dir geliefert. Das Leben gibt dir immer recht, wenn du an den Kampf glaubst, dann sollst du kämpfen. Wenn du an die Liebe glaubst, und an die Leichtigkeit, dann wird die Liebe und die Leichtigkeit in dein Leben kommen. Dies ist auch das Gesetz der Resonanz. Es liegt immer an dir selbst, wofür du dich entscheidest – du hast immer die Wahlfreiheit im Leben. Das Leben kann für dich die Hölle sein, oder es kann für dich das Paradis sein, es hängt davon ab, wie du über das Leben denkst. Genauso ist es mit dem Ego. Solange du glaubst, du brauchst ein starkes Ego, um zu überleben, weil das Leben ein Kampf ist, dann wird es für dich auch so sein.

Nun, was ist die Lösung? Die Lösung liegt schon in der Überschrift dieses Kapitels, „Ein kleines Ego macht dich stark". Wie meine ich das genau? Wenn wir verstehen, dass wir nicht unsere Maske sind, nicht das, wofür wir uns gemeinhin halten, dann beginnt in unserem Bewusstsein ein Umdenkprozess, ein sogenannter Bewusstseinsprozess – eine Bewusstseinsreise. Wir verabschieden uns dabei von unserem Ego-Denken, von der Vorstellung, ein von Gott getrennter Körper zu sein. Wir öffnen uns dafür, uns nicht mehr als Körper wahrzunehmen. Wir nehmen zu Kenntnis, dass dies lediglich unsere Maske ist. Wir sind bereit, uns dafür zu öffnen, ein ewiges geistiges Wesen zu sein – ein individueller Ausdruck Gottes, das zurzeit diesen Körper hat und in diesem Körper wohnt. Wenn wir bereit sind, dies zu verstehen und anzuerkennen, dann lösen wir uns allmählich von der Trennung. Wir bekommen allmählich ein Gefühl der Verbundenheit mit allem – mit Gott.

Das ist damit verbunden, dass wir nicht mehr an unserem starken Ego festhalten. Wir entscheiden uns bewusst, unser Ego zurückzunehmen. Das wird damit begleitet, dass wir uns selbst nicht mehr so wichtig nehmen, zumindest nicht wichtiger als alle anderen. Wir sind alle gleich wichtig, weil wir alle eins sind. Wir schauen nicht mehr auf unseren eigenen Vorteil, wir werden rücksichtsvoller. Ungerechtigkeiten, Anmaßungen und Verletzungen werden uns fremd, und wir vermeiden diese tunlichst. Wir werden Liebevoller, wir bekommen ein „Einheitsbewusstsein" und wir hören auf zu kämpfen, gegen andere und gegen das Leben. Wir bekommen ein Gefühl dafür, was es bedeutet, einfach zu sein, ohne Kämpfen, ohne Leistung, ohne Denken und Tun. Dabei hilft uns natürlich auch die Meditation. Wir öffnen uns immer mehr für die Liebe und die Leichtigkeit. Dadurch laden wir die Liebe und die Leichtigkeit in unser Leben ein.

Gleichzeitig passiert etwas ganz Wunderbares. Mit dem Zurücknehmen unseres Egos, steigen wir auch Zusehens aus unserem Ego-Denken aus. Wir geben uns der Meditation hin, wir geben uns dem Leben hin. Wo die Hingabe ist, braucht es kein Denken. Dadurch wird Platz in uns frei für den Heiligen Geist. Das heißt, das Leben greift dir unter die Arme, weil du dich in der Meditation mit dem Leben verbindest. Du wirst immer mehr eins mit dem Leben. Du kannst immer mehr erfahren, dass du Teil des Lebens bist. Das Leben durchdringt dich, in jeder deiner Körperzellen ist das Leben – der Heilige Geist. Du bist ein untrennbarer Teil des Lebens. Das Kämpfen gegen das Leben hat ein Ende. Du reduzierst dein Ego und öffnest dich automatisch für den Heiligen Geist, der dich durchströmt.

Der Heilige Geist ist auch die universelle Intelligenz, die göttliche Ordnung, Gott, oder das Absolute. Wie du es nennen willst, bleibt dir überlassen. Fakt ist, dass es nichts Höheres gibt, und in der Meditation – im Nicht-Denken – in der absoluten mentalen Stille – gehst du immer wieder eine Verbindung mit Gott ein. Dies bereichert dein Leben zunehmend und macht dich in der Tat stark.

Es ist nicht diese Stärke, die unser Ego kennt, wie mehr Geld, Macht, Erfolg, etc. Es ist eine innere Stärke, und es ist eine innere Gelassenheit, und ein inneres Gottvertrauen, ein Urvertrauen in das Leben, das du damit gewinnst. Du gibst dich allmählich dem Leben zurück, du gibst dich Gott zurück, weil du aussteigst aus der Trennung. Weil du aussteigst aus der Illusion, etwas außerhalb von Gott zu sein. Und dies ist wirklich nur eine Illusion, die sehr echt aussieht, weil wir nur unsere Maske sehen. Es ist deine neu gewonnene Egolosigkeit, die dich in eine wahnsinnig, beglückende Befreiung führt. Weil du von nun an deine Wahrheit lebst. Weil dieses neue Leben deiner Selbstverwirklichung gleicht.

Es ist eine neue Stärke, die du da gewinnst, es ist eine Stärke die Schwäche zeigen kann. Im Grunde ist es eine Demut. Das Kämpfen löst sich auf und weicht der Liebe. Es ist ein Ankommen in der Liebe – ein Ankommen bei Gott. Dein Ego wird nach wie vor da sein, solange du Mensch bist, aber es ist klein geworden. Es regiert nicht mehr dein Leben, und du identifizierst dich nicht mehr mit deinem Ego. Es beschränkt sich auf deine persönlichen Bedürfnisse wie: Esse ich heute Pizza oder Pasta? Mach ich Urlaub im Süden oder im Norden? Du führst eine Leben in deinem Selbst, angebunden an den Heiligen Geist. Es wird ein göttliches Leben – ein Leben in Liebe, Freude und Frieden sein.

Lerne zu beobachten

Beobachten ist etwas, dass wir uns leider sehr oft abgewöhnt haben. Unsere Eltern haben uns oft ermahnt: „Schau nicht in die Luft", „Mach dies, mach das, aber schau nicht in die Luft." Wir leben in einer Zeit, in der es uns nicht gestattet wird, nichts zu tun. Wir sollen produktiv sein, wie sollen etwas leisten, aber wir sollen nur ja nicht die Zeit mit „in die Luft schauen" verbringen.

Ich bin der Meinung, dass dies sehr schade ist, weil wir gerade im Beobachten und „beim in die Luft schauen", aus unserem Ego heraustreten und in unser Selbst eintreten. Unsere wahre Natur ist unser Selbst, und unser Selbst liebt es zu „Sein" und zu beobachten. Wenn wir beobachten, lernen wir wieder zu sein. Dies beginnt beim Beobachten unseres Verstandes: wie er denkt und was er denkt. Unser Verstand hat die Aufgabe, unsere Erlebnisse aufzuarbeiten – das tut er durch Denken.

Viele Menschen klagen über einen unruhigen Verstand, es denkt unentwegt in ihren Kopf. Ja, warum? Weil wir ständig beschäftigt sind und weil wir ständig unseren Verstand mit neuen Einflüssen und Reizen von außen belasten. Unser Verstand hat dadurch sehr viel aufzuarbeiten und ist überfordert damit, dies alles zu verarbeiten. Zum Verarbeiten benötigt unser Verstand nämlich Ruhe und unsere bewusste Aufmerksamkeit. Ein Einfaches Ruhigwerden und das Beobachten unseres Verstandes bei seinem Denken, wären ausreichend, um ihn zur Ruhe kommen zu lassen. Die unwichtigen Gedanken, die ständig in unserem Kopf kreisen, können erst dann wieder weiterziehen, wenn wir sie in Ruhe beobachten und freilassen. Ein bewusstes

Beobachten der Gedanken ist die Grundlage dafür, dass sie transformieren können – das heißt, sich in freie Energie verwandeln und dadurch weiter ziehen. „Bewusstsein transformiert".

Wenn wir uns jeden Tag etwas Zeit nehmen, am besten am Abend, um uns selbst zu reflektieren, können wir durch einfaches Beobachten unseres Verstandes, diesem und uns selbst einen wertvollen Dienst erweisen. Ich sage absichtlich „diesem Verstand und uns selbst", weil du sicher schon im Laufe dieser Lektüre erkannt hast, dass du nicht dein Verstand bist. Du bist nicht der Denker in dir. Du hast einen Denker in dir – es ist dein Verstand. Es ist der Verstand deiner Maske, er gehört zum vergänglichen Teil in dir. Du bist nicht vergänglich; du bist das ewige, göttliche Bewusstsein, du bist der Beobachter. Auch deshalb ist das Beobachten so wichtig, weil du dabei die Erfahrung machen kannst, dass du das höhere Bewusstsein bist, und nicht der Denker. Das Beobachten deiner Gedanken hilft dir, deinen Kopf frei zu bekommen. Gleichzeitig kannst du dich von der Identifikation mit deinem Verstand – deinem Ego – lösen.

Dein Verstand wird dann klar und rein. Dein Verstand ist dein Werkzeug, sowie dein Körper dein Werkzeug ist. Einen klaren und reinen Verstand kannst du dann besser einsetzen, wenn du ihn wirklich brauchst. Ein ständiges „Im-Kreis-Drehen" von Gedanken in deinem Kopf ist kein Zeichen von Intelligenz, es belastet dich nur. Einen klaren, reinen Verstand zu haben, den man dann einsetzt, wenn man ihn braucht, ist ein Zeichen von Intelligenz. Wenn du etwas zu lernen, etwas zu planen oder zu organisieren hast, oder einfach nur bewusst über etwas nachdenkst, dann benötigst du deinen Verstand. Das unbewusste Denken ist nur eine notwendige Tätigkeit deines Verstandes, es ist ein Bereinigen, ein Aufarbeiten, deiner Erlebnisse. Dazu solltest du ihm Ruhe und Zeit geben und ihn möglichst dabei bewusst beobachten.

Sollte es Gedanken geben die dich belasten, oder die dich nicht loslassen, dann ist hier wahrscheinlich noch eine Handlung deinerseits erforderlich um diese Gedanken loslassen zu können. Dies kann sein ein Gespräch oder eine gründliche Aussprache mit einer beteiligten Person oder eine andere Handlung im Zusammenhang mit diesen Gedanken. Vielleicht hast du etwas vergessen zu erledigen, und deshalb lässt dich der Gedanke nicht los. Vielleicht hast du ein schlechtes Gewissen in diesem Zusammenhang, dann empfehle ich dir, die Sache aufzuklären und abzuschließen.

Es ist wichtig, das wir Frieden schaffen in unserem Kopf und das geht nur durch die Beobachtung und die Selbstreflexion. Genauso wie wir das mit unseren Gedanken machen, sollen wir dies auch mit unseren Gefühlen machen, vor allem mit unseren negativen Gefühlen, die uns belasten. Wenn wir diese Gefühle wahrnehmen, ist es notwendig, das wir ihnen unsere Aufmerksamkeit schenken. Negative Gefühle können Angst, Eifersucht, Groll, Haas, Neid, Missgunst, oder einfach nur Ärger, sein. Es ist wichtig, keine Angst vor der Angst zu haben, weil wir sonst nicht in der Lage sind, diese Angst aufzulösen.

Wenn wir ein normales Maß an negativen Gefühlen haben, können wir diese durch Beobachten bewusstes

Reflektieren und Hineinfühlen einfach auflösen. Gefühle wollen gefühlt werden. Wir fühlen und spüren in unseren Körper hinein, wo sich dieses Gefühl befindet. Es kann sich im Bauch, im Kopf oder auch im Brustraum befinden. Wir spüren einfach bewusst hinein in das Gefühl, wir beurteilen es nicht, sondern nehmen es einfach nur wahr. Wie fühlt sich dieses Gefühl an? Es ist nur eine Energie, die durch bewusste Hinwendung, durch bewusstes Hineinfühlen, transformiert wird. Wenn wir einige Minuten einfach in dieses Gefühl gehen, es bewusst fühlen und annehmen, dann wird es sich auflösen. Wie gesagt, geht das nur mit Gefühlen in einem normalen Ausmaß. Wenn du Depressionen hast, etc. suche bitte professionelle Hilfe auf. Es kann auch vorkommen, dass du ein Gefühl nicht auflösen kannst, weil eine dazugehörige Handlung noch aussteht – etwa ein klärendes Gespräch. Das kann sein das du Eifersüchtig bist und kannst diese Eifersucht nicht in Griff bekommen, weil du jeden Tag aufs Neue mit deinem Partner konfrontiert bist und er die Ursache deiner Eifersucht ist. Dann ist wahrscheinlich ein klärendes Gespräch angesagt. Du kannst es einfach ausprobieren ob dein Gefühl einfach nur ein leeres Gefühl ist, oder ob es noch zusätzliche Handlungen benötigt. Durch bewusstes Beobachten und bewusstes Hineinfühlen, ist es normalerweise eine Sache von ein paar Minuten und es hat sich aufgelöst. Ich habe dies schon unzählige Male gemacht. Es ist ein wunderbares Spiel, wenn man bereit ist offen und bewusst mit seinen Gefühlen umzugehen.

Es ist dein Ego, das hier fühlt. Dein Ego ist meist sehr unbewusst und hat Angst. Du als das höheres

Bewusstsein bist dazu da, in diesem Fall deinem Ego beizustehen und es von seiner Angst etc. zu befreien. Durch die Beobachtung erkennst du auch hier wieder, dass du nicht dein Ego bist, sondern das höhere Bewusstsein – der Beobachter. Gehe einfach durch dein Ego hindurch und löse durch deine Bewusstheit die Ängste etc. in deinem Ego auf.

Wenn du bewusster wirst, kommst du immer mehr in dein Selbst. Dein Selbst ist angebunden an die Liebe, an den Heiligen Geist. Es ist der ewige, göttliche Anteil in dir. Deine Gedanken und deine Gefühle finden immer auf der Ego-Ebene statt, in deinem kleinem ICH – dem Ich deiner Maske. Wenn du beginnst, dich zu beobachten, entwickelst du ein Zeugenbewusstsein. Du wirst dabei Zeuge deiner Maske – deiner Figur als „Vorname Nachname". Dies ermöglicht dir einen neuen Zugang zu deinen Gedanken und Gefühlen und dich davon abzugrenzen. Die Abgrenzung zu deinen Gedanken und Gefühlen ist ein wesentliches Kriterium, um besser damit umzugehen. Du nimmst dabei die Rolle des Beobachters ein und bist nicht mehr so emotional damit verbunden. Du agierst dabei wie dein eigener Therapeut und steigst dabei auch noch die Bewusstseinsebenen hinauf. Das Beobachten ist auch im Alltag ein gutes Werkzeug, um besser durch den Tag zu kommen. Du gibst dabei die Kontrolle deines Ego-Verstandes ab und lässt dem Heiligen Geist die Chance, in deinem Leben mitzuwirken. Dein Verstand neigt dazu, immer zu beurteilen und Lösungen auf Verstandesebene herbeizuführen. Du kannst aber auch die Erfahrung machen, dass das Leben dir behilflich ist, wenn du bereit bist dein Ego zurück nehmen.

Nimm dein Ego einfach zurück

Ich möchte dieses Kapitel mit einem Beispiel beginnen. Stell dir einmal vor, du hast einen wichtigen Termin bei deinem Chef. Er hat dich in drei Tagen zu sich bestellt und machte dabei einen ziemlich strengen Eindruck. Du hast jetzt zwei Möglichkeiten, wie du mit der Situation umgehst: Du kannst in deinem Ego sein, das Angst hat und sich Sorgen macht. Du identifizierst dich voll und ganz mit diesen Sorgen und Ängsten und verbringst drei Tage damit, darüber nachzudenken, was dein Chef alles vor hat, womöglich möchte er dich kündigen. Du bist für die nächsten drei Tage vermutlich gereizt und frustriert.

Die andere Möglichkeit ist, dich einmal bewusst hinzusetzen, durchzuatmen und dir bewusst zu machen, wer hier Angst hat. Es ist dein Ego, das hier Angst hat, es ist nicht dein Selbst, dein reines Bewusstsein, das angebunden ist an den Heiligen Geist. Wenn du dein Ego einfach nur einmal beobachtest und dir bewusst machst: „Okay, mein Ego hat natürlich Angst, das ist ganz normal, aber muss ich mich mit meinem Ego unbedingt identifizieren?" Nein, musst du nicht. Probiere es aus. Sage dir in solchen Situationen einfach: „Okay, Halt, Stopp, ich steige jetzt einmal aus dieser Ego-Identifikation aus, und warte was passiert." Ich beobachte mein Ego, aber ich mache mir bewusst, dass ich nicht mein Ego bin. Du kannst die Angst einfach akzeptieren, du kannst sie durchfühlen, wie oben beschrieben, oder sie einfach nicht ernst nehmen. Du gibst das ganze an den Heiligen Geist ab, und vertraust darauf das alles gut wird. In Wirklichkeit hat die Angst deines Egos überhaupt keinen Sinn. Es kommt, wie es kommt. Die Angst wird die Situation auf keinen Fall verbessern, sie wird dir nur drei Tage bescheren an denen du mit deiner Angst kämpfts und im Ego-Denken bist, bis zu dem Termin mit deinem Chef. Deiner Lebensqualität kommt dies nicht zu Gute. Die Entscheidung, an dieser Stelle einfach dein Ego zurückzunehmen, wird dir helfen eine schöne und entspannte Zeit bis zu deinem Termin mit deinem Chef zu verbringen. Es ist nur eine Angewohnheit unseres Verstandes zu glauben, wir könnten immer alles kontrollieren. Wir sind geneigt alles durchzudenken, mit allen möglichen Variationen, uns auszumalen, was nicht alles sein kann und wie wir darauf reagieren können. Wir vertrauen dem Leben nicht, stattdessen glauben wir unserem Verstand – unserem Ego, das sich von Gott getrennt fühlt. Dies kann kein guter Berater sein.

Es ist besser, aus dem ewigen Denken auszusteigen sich bewusst zu machen, das du ein Teil des Lebens bist. Der Heilige Geist durchdringt dich in dem Maße, indem du dein Ego-Denken zurück nimmst. Lass es einfach auf dich zukommen was passiert, und arbeite nicht gegen das Leben. Selbst wenn dich dein Chef, in dieser angenommen Situation kündigen würde, kannst du nicht wissen, welcher Traumjob in den nächsten zwei Wochen daher kommt. Das Leben weiß es aber, es greift dir unter die Arme wenn du es zulässt. Es ist die universelle Intelligenz, die wir in unser Leben einladen, wenn wir unser Ego zurück nehmen und beginnen zu meditieren.

Nimm dein Ego einfach zurück, bedeutet: Reduziere einfach dein eigenes Denken auf das, wozu du dein Denken wirklich brauchst, zum Beispiel in der Arbeit, beim Lernen, etc. Die andere Zeit vertraue und meditiere. Nimm dein Ego einfach zurück, bedeutet auch: Aus dem ewigen unbewussten Denken, Angst haben, Sorgen machen, an die Vergangenheit denken, auszusteigen. Jede Stunde, die du unnötig im Grübeln bist, ist ein Stunde zu viel. Es wäre wertvoller eine Stunde einfach nur zu SEIN, ohne Denken. Im Chinesischen gibt es das WU WEI Prinzip. Dabei geht es auch darum, sein eigenes Urteilen und Denken zurückzunehmen und stattdessen die Hilfe des Heiligen Geistes in Anspruch zu nehmen. Es wird auch als; Handeln durch Nichthandeln bezeichnet. Du nimmst eine Situation zu Kenntnis und wartest ab, was passiert. Das Leben wird dir die Lösung präsentieren, sofern du ihm die Möglichkeit gibst. Die Meditation gibt deinem Leben eine neue Richtung. Wenn du es schaffst, dich in die Meditation zu verlieben, bist du am besten Weg in ein befreites Leben. Statt dem ewigen Denken lerne einfach, aus dem Denken auszusteigen. Es ist nur eine Übung, die dir mit zunehmender Praxis immer besser gelingt. Die Meditation ist die wichtigste spirituelle Praxis. Du gibst dich dem Leben einfach hin – du wirst eins mit dem Leben. Dies Einssein war schon immer da, aber es war überschattet durch dein starkes Ego. Dein starkes Ego hält dich in den unteren Bewusstseinsebenen gefangen, weil du glaubst du bist ein von Gott getrennter Körper. Erst durch das Zurücknehmen deines Egos, kommst du allmählich aus diesen unteren Bewusstseinsebenen heraus. Du kommst allmählich in die Bewusstseinsebene Vernunft und weiter in die Liebe, Freude, Frieden.

Dein Ego zurückzunehmen bedeutet auch, aus der Angst auszusteigen. Es erfordert einen gewissen Mut sich dem Leben anzuvertrauen, den das Leben ist ein ständiger Prozess und von Veränderungen geprägt.

Ich möchte jetzt noch auf andere Eigenschaften und Ausprägungen unseres Egos neben der Angst eingehen, die wir zurücknehmen können. Diese Eigenschaften sind ebenfalls ein Produkt der Trennung. Wenn wir noch in der Trennung sind, sind wir nicht in der Liebe – weder zu uns selbst noch zu anderen. Wobei der Ausstieg aus der Trennung immer ein allmählicher Prozess ist, und sich die damit verbundenen Veränderungen langsam bemerkbar machen.

Allen voran ist das die Eifersucht. Die Eifersucht macht uns auch oft zu schaffen und kann ziemlich belastend sein für uns selbst und auch für die Partnerin. Warum sind wir eigentlich eifersüchtig? Die Eifersucht ist eine Mischung aus der Angst etwas zu verlieren – also Verlustangst, Neid, und dem Wunsch, geliebt zu werden. Mit zunehmender spiritueller Reife lösen sich all diese Faktoren auf. Mit spiritueller Reife, meine ich das Hinaufklettern der Bewusstseinsebenen und ein damit verbundenes neues Denken und Fühlen.

Wenn wir eifersüchtig sind, wollen wir vor allem die Liebe der Partnerin nicht verlieren. Das hat aber mit echter Liebe nichts zu tun. Denn Liebe ist nicht etwas, das man exklusiv bekommt oder besitzen kann. Liebe ist die allumfassende Energie – Gott ist die Liebe. Man kann also „in Liebe sein", oder nicht. Je mehr ich im Gottesbewusstsein ankomme, desto mehr bin ich in der Liebe. Ich bin dann erfüllt mit Liebe, und das nennt man Selbstliebe. Das ergibt sich daraus, dass ich in einem anderen Bewusstsein bin – in der Bewusstseinsebene

Liebe, oder am Weg dorthin. Das Bewusstsein der Trennung wird durch ein Gottes- oder Einheitsbewusstsein ersetzt. Die Selbstliebe wird auf diesem Weg zu einer natürlichen Sache. Es gibt dann keinen Zweifel mehr, geliebt zu werden, weil ich in der Liebe bin, bzw. weil ich Liebe bin. Das Bedürfnis, von anderen geliebt zu werden, ist dann nicht mehr vorhanden, und das macht uns sehr frei und unabhängig. Stattdessen werden wir liebesfähiger und verstehen, was echte Liebe wirklich ist.

Wir bekommen auch ein neues Gefühl dafür, was Liebe wirklich ist, und unsere Liebesfähigkeit lässt eine Eifersucht nicht mehr aufkommen. Wir wissen dann, das es nichts zu verlieren gibt, weil wir nie etwas besessen haben. Wir besitzen unsere Partnerin nicht und haben auch keinen Anspruch auf die ewige Liebe von ihr.

Liebe zwischen zwei Menschen ist etwas, das heute da sein kann, aber morgen nicht mehr. Vielleicht ist sie 20 Jahre da oder ein Leben lang, aber meistens ist dies nicht der Fall. Meistens ist es so, dass wir „jemanden brauchen" oder mit jemanden eine sogenannte „Beziehung" führen. Wir wissen sicher alle, dass Beziehungen manchmal ein echter Kampf sein können. Wenn wir viel lockerer mit dem Thema Liebe umgehen würden, und nicht so besitzergreifend wären, wäre es in vielen Fällen wesentlich leichter und schöner. Es würde dann wesentlich mehr der echten Liebe entsprechen, wenn wir sagen würden: „Mach, was du willst, ich möchte das es dir gut geht". Wenn du heute bei mir sein willst, sei bei mir, und wenn nicht, dann nicht.

Es zeugt von Liebe, wenn wir tolerant sind, wenn wir die Partnerin frei lassen, wenn wir sie lieben lassen, wenn sie will. Liebe ist nicht etwas, das man besitzen kann. Je mehr wir die Liebe besitzen wollen, desto weniger bleibt von der Liebe übrig. Es ist dann ein Aushaaren mit jemanden, aber keine Liebe.

Und wenn ich in einer Beziehung bin und beide entscheiden sich zur sexuellen Treue, dann ist das auch okay, wenn beide das wollen. Sollte jedoch einer der beiden seine Meinung ändern, dann kann man das auch akzeptieren und mit Respekt die Beziehung beenden, ohne eifersüchtig zu sein. Die Angst, nicht geliebt zu werden oder keine andere Liebe zu finden, existiert auch nur im Kopf eines Menschen der noch in der Trennung lebt.

Ja, ich weiß, die Trennung hebt man nicht so schnell auf, es ist ein langsamer Prozess. Aber wir können jederzeit damit beginnen, bewusster an das Thema Eifersucht heranzugehen. Damit tun wir uns grundsätzlich etwas Gutes und wir unterstützen auch den Bewusstseinsprozess, um in die Liebe zu kommen.

Dabei kommt mir auch das Wort „Enttäuschung" in den Sinn. Wenn man Angst hat, enttäuscht zu werden, dann ist das – wie das kluge Wort schon sagt – das Ende einer Täuschung. Die Täuschung in diesem Zusammenhang ist nämlich, zu glauben, dass Liebe etwas ist, dass immer nur zwei Menschen betrifft und nur zwischen diesen beiden Menschen stattfinden kann. Eine weitere Täuschung ist, dass Liebe etwas ist, das man besitzen und festhalten kann, wie die Kokosnuss. Nein, Liebe ist grundsätzlich ein geistiger Zustand. Sie ist in dir oder eben nicht – mal mehr, mal weniger. Sie kann zischen dir und deiner Partnerin sein, aber sie muss es nicht. Und für die Abwesenheit von Liebe kann man niemand verantwortlich machen. Es ist nichts Böses, wenn die Liebe nicht mehr da ist, weil die Liebe eben eine freie Energie ist.

Die echte Liebe ist immer in dir, weil du Teil der Liebe bist. Die echte Liebe ist die Selbstliebe, weil sie die Liebe Gottes ist. Wenn du das verstehst, dann hast du kein Problem mehr mit der Liebe – und auch nicht mit der Eifersucht. Dann kannst du lieben, soviel du willst, und lässt auch andere lieben, so viel sie wollen. Es gibt da keine Grenzen – diese machen wir uns alle nur selbst, in unseren Kopf und in unseren Dogmen.

Nimm dein Ego einfach zurück, heißt in dem Zusammenhang: Reduziere bewusst deine Eifersucht, nimm Abstand vom Besitzdenken, werde bewusster und gehe liebvoller und freizügiger mit der Liebe um. Gehe durch dein Ego hindurch, setze dich hin und halte den Schmerz aus, gehe durch den Schmerz hindurch. Ich weiß, es ist am Anfang nicht leicht, die Gewohnheiten unseres Egos zu durchbrechen. Dazu braucht es schon ein hohes Maß an Bewusstheit und einen starken Geist. Aber glaube mir, es lohnt sich. Du wirst immer freier und voller mit echter Liebe, weil du zur Liebe wirst.

Nun, ich habe auch gesagt, das Eifersucht etwas mit Neid zu tun hat. Ja, und Neid ist ebenfalls eine Eigenschaft des Egos. Deshalb behandle ich den Neid hier gleich an dieser Stelle. Was ist Neid? Neid entsteht aus der Gewohnheit deines Egos, sich mit anderen zu vergleichen und dabei schlecht abzuschneiden. Jemand anderes hat etwas, was wir nicht haben. Das gibt uns, je nach Situation das Gefühl, nicht so stark, nicht so reich, nicht so erfolgreich, nicht so schön oder nicht so beliebt zu sein. Deshalb sind wir neidisch. Es ist eine Sache des eigenen Selbstbewusstseins, und es ist verbunden mit der Angst, die Liebe und das Ansehen seiner Mitmenschen zu verlieren. Das Ego buhlt immer um die Liebe und das Ansehen der Mitmenschen, weil es keine Selbstliebe bzw. die Liebe Gottes kennt. Daher ist es auf die Liebe und die Bewunderung von außen angewiesen.

Neidisch zu sein, hat solange wir den Neid bei uns lassen keine unmittelbare zerstörerische Wirkung. Wir verletzen uns dadurch nur selbst. Wenn wir in der Liebe sind, gibt es keinen Neid, dann freuen wir uns mit dem anderen einfach mit. Manchmal kann Neid auch von der Missgunst oder dem Haas begleitet werden, dann kann er sehr wohl zerstörerische Wirkung haben.

Wenn wir verstehen, dass wir jeder ein individueller Ausdruck Gottes sind, also ein Kind Gottes mit unterschiedlichen Masken und unterschiedlichen Eigenschaften, dann brauchen wir uns nicht miteinander vergleichen. Jeder hat seinen eigenen Platz hier im Spiel des Lebens, und jeder hat seine eigene Geschichte, sein eigenes Drehbuch. Keiner ist besser oder schlechter, alle leben wir in unterschiedlichen Phasen und in unterschiedlichen Klassenzimmern der Liebe.

Unser Glück und unsere Zufriedenheit können wir nur in uns selbst finden, in der spirituellen Zuwendung zu Gott. Wenn wir auf diesem Weg sind, dann hat das Vergleichen ein Ende, weil das Außen einfach nur die Form ist und keine Macht mehr über uns hat. Den Neid in den Griff zu bekommen, ist also etwas, das sich automatisch einstellt, wenn wir unseren spirituellen Weg weitergehen. Dein Ego zurücknehmen bedeutet in diesem Zusammenhang auch, deinen Neid zu erkennen und ihn als ein Relikt vergangener Tage bewusst beiseitezulegen. Den Neid einfach wahrzunehmen und durch ihn durchzugehen, sowie du das mit der Eifersucht, der Angst, der Missgunst und dem Haas machen solltest. Das Leben wird es dir danken und dich langsam in den Himmel bzw. in die Liebe heben.

Kommen wir noch zu einer anderen weitverbreiteten Eigenschaft des Egos, dem Ärger. Ärger ist eine unbewusste Reaktion auf etwas, das wir nicht akzeptieren wollen oder wenn plötzlich etwas passiert, das uns gar nicht in den Kram passt. Es ist das Ergebnis eines unkontrollierten, starken Egos. Die nächste Stufe ist Aggression und Gewalt. Ärger ist auch ein Zeichen von innerer Unzufriedenheit. Das heißt, wir sind noch nicht in Frieden mit uns selbst. Wenn wir nicht im Frieden mit uns selbst sind, sind wir auch oft mit anderen Menschen und Situationen nicht im Frieden. Wir sind wahrscheinlich insgesamt mit dem Leben nicht in Frieden, weshalb wir uns sehr leicht ärgern. Genau betrachtet bringt uns der Ärger gar nichts. Er verbessert weder die Situation noch hilft er uns, einen klaren Verstand zu bewahren, um die Situation in Liebe zu lösen. Den Ärger erst gar nicht entstehen zu lassen, wäre also wesentlich sinnvoller.

Wenn wir in einen inneren Frieden kommen und mit dem Leben Frieden schließen, dann werden wir toleranter gegenüber unangenehmen Ereignissen von außen. Es kann uns dann etwas unvorhergesehenes nicht so leicht aus der Ruhe bringen. Wir bekommen auch mehr Geduld und werden insgesamt gelassener.

In einen inneren Frieden zu kommen und in Frieden mit uns selbst und mit dem Leben zu sein, ist auch eine Sache die wir durch die spirituelle Praxis erlangen können. Regelmäßige Stille, bewusst Sein, und Meditation können uns auch da helfen in unsere innere Mitte zu kommen. Dadurch werden wir ausgeglichener und sind weniger anfällig für Ärger und Ungeduld.

Durch die spirituelle Praxis bist du nicht mehr so sehr Opfer deines Egos, weil dein Ego einerseits schwächer wird und du dich andererseits nicht mehr so stark mit deinem Ego identifizierst. Dies gibt deinem Ego keinen Nährboden mehr, um weiterhin zu wachsen, bzw. sich stark zu machen. Vor allem am Anfang gilt auch hier, dich bewusst zurückzunehmen, langsamer und bewusster in verschiedenen Situationen zu reagieren und dadurch über dein Ego hinauszuwachsen.

Wir müssen verstehen und uns immer wieder vor Augen halten, dass ein starkes Ego negative Auswirkungen auf uns, auf unser Leben und auf unser Zusammenleben mit unseren Mitmenschen hat. Im Kapitel „Ein kleines Ego macht dich stark" habe ich ausführlich darüber berichtet.

Ein hohes Maß an Bewusstheit ist der bessere und liebevollere Weg. Es ist der Weg aus der Angst in die Liebe – also aus deinem Ego, in dein Selbst.

Mut kann man nicht kaufen

Das ist eine alte Weisheit und soll aussagen, dass wir entweder Mut haben oder eben nicht. Mut ist eine Eigenschaft, die aus einer inneren Stärke kommt. Echter Mut ist unabhängig von finanziellen Reichtum, Sicherheit oder dem Gefühl, auch verlieren zu können. Echter Mut entsteht, indem man durch die Angst hindurchgeht. Auf der anderen Seite wartet das Abenteuer Leben.

Man kann sich Mut antrainieren, indem man immer wieder an seine Grenzen geht, an die Grenzen deines Egos und dann immer einen Schritt weiter durch die Angst hindurch. Durch die Angst hindurchzugehen bedeutet, über dein Ego hinauszugehen. In dem Bewusstsein, dass die Angst eine Illusion deines Egos ist und meist keine echte Gefahr darstellt, kannst du dich entscheiden, durch die Angst hindurchzugehen. Dies macht dich von Mal zu Mal mutiger und gibt dir wieder eine innere Stärke.

Wenn du dich weiterentwickeln willst, wenn du die Bewusstseinsebenen empor klettern möchtest, wird dein Mut immer wieder gefragt sein. Wir kommen im Leben immer wieder in Situationen, in denen wir eine Entscheidung treffen müssen. Das kann in der Liebe, in der Arbeit oder in einem anderen Bereich sein. Der mutige Weg ist in meisten Fällen der richtige, es ist der Weg, der in die Liebe führt. Angst führt dich nirgendwohin, es bedeutet Stillstand. Es bedeutet, in deinen gewohnten Strukturen zu verharren, in deinem Angst-Denken zu bleiben und dem Ruf deines Egos zu folgen.

Wenn wir einmal die Erfahrung gemacht haben, was es bedeutet, durch die Angst hindurchzugehen und dann die

Lorbeeren dafür zu ernten, dann werden wir mehr vertrauen in unser Selbst bekommen. Wir entwickeln dann ein echtes Selbstvertrauen. Ein Selbstvertrauen, das gleichzeitig ein Vertrauen in das Leben ist, weil dein Selbst ist Teil des Lebens. Es ist Teil des ewigen, göttlichen Seins. Ich habe es schon erwähnt, wiederhole es aber gerne, weil es so wichtig ist, sich das vor Augen zu halten. Du gehst den mutigen Weg, wenn du aus deinem Selbst heraus agierst und nicht aus deinem Ego, das Angst hat. Aus deinem Selbst heraus zu agieren, erfordert Mut und macht dich auch gleichzeitig zu einem selbstbewussteren Menschen.

Wenn ich von Mut spreche und den Mut lobpreise, meine ich allerdings nicht den Übermut. Übermut tut selten gut, diesen Spruch kennst du vielleicht auch. Ich warne an dieser Stelle von Übermut in waghalsigen Situationen, wie zum Beispiel beim Sport, Glücksspiel oder anderen gefährlichen Situationen, in denen jemand Schaden nehmen kann. In Situationen, in denen eine unmittelbare Gefahr droht, ist nicht Mut angebracht, sondern Vernunft.

Ich spreche und lobpreise hier ausschließlich den Mut im Zusammenhang mit deiner Lebenssituation. Dazu gehört: Mut, dein Leben zu verändern. Mut, zu dir selbst zu stehen, und zu deiner Meinung zu stehen. Mut, deine Gedanken, deine Gefühle und deine Ängste vollständig wahrzunehmen und zu spüren. Mut, eine Veränderung in deinem Leben einzuleiten, wenn es die Situation erfordert, sei es in der Liebe, im Job oder in anderen Bereichen. Mut, neue Wege zu gehen, und für die Veränderungen des Lebens offen zu sein. Mut, für andere einzustehen, auch wenn es unangenehm wird.

Bei meinen Beispielen geht es um die Überwindung deiner eingebildeten Angst, einer Angst, die aus deinem Ego kommt. Solche eingebildeten Ängste sind Ängste ohne unmittelbare Gefahr für Leib und Leben. Es sind Ängste wie: Die einfache Existenzangst, die Angst schlecht dazustehen, die Angst der üblen Nachrede, die Angst sein Gesicht zu verlieren, die Angst vor dem Alleinsein, die Angst nicht geliebt zu werden, die Angst nicht anerkannt zu werden, die Verlustangst, etc.

Solche Ängste sind ein Produkt deines Egos und damit eine Illusion. Wenn wir diesen Ängsten glauben, ist das ein Zeichen, dass wir einfach noch an die Angst glauben und nicht an die Liebe. Wir stärken damit unser Ego und geben ihm Recht. Wir lassen uns von unserer Angst führen und vertrauen nicht der Liebe, also wir vertrauen nicht dem Leben – nicht Gott. Wir bleiben in der Kleinheit und heben uns nicht in unser göttliches Potenzial – in unser SELBST. Wir gehen damit nicht den Weg der Liebe, und wir werden auch so nicht oder nur schwer in die Bewusstseinsebene LIEBE kommen.

Wenn du vor solchen Situationen im Leben stehst, in denen dein Mut gefragt ist, dann stelle dir immer die Grundsatzfrage: Gehe ich den Weg der Angst oder Liebe? Wenn du mutig den Weg der Liebe gehst, dann gehst du den Weg des Lebens, den Weg an der Seite Gottes. Du kannst dir sicher sein, dass diese Erfahrung – durch die Angst durchzugehen – eine wunderbare Erfahrung sein wird. Sie wird dich enorm bereichern, an innerer Stärke, an Zufriedenheit und mit dem Gefühl richtig gehandelt zu haben. Richtig, weil im Sinne Gottes, im Sinne der Liebe. Immer, wenn du den Weg der Liebe gehst, wird dich das nach oben tragen, wieder ein Stück in Richtung deiner

Befreiung. Du hast damit wider deiner Gewohnheit gehandelt, den dein Ego ist es gewohnt, Angst zu haben. Wenn du unbewusst bist, gehst du den gewohnten Weg deines Egos, also deiner Angst. Du kannst Stolz auf dich sein, wenn du aus deinen gewohnten Strukturen heraustrittst und stattdessen mutig neue Wege gehst. Das Leben wird das zur Kenntnis nehmen und sich dementsprechend erkenntlich zeigen.

Du kannst dir sicher sein, dass du immer in einer Interaktion mit dem Leben stehst. Du bist Teil des Lebens, du kannst nichts vor dem Leben verheimlichen, und im Gegenzug wird das Leben immer auf dich reagieren. Egal, was du machst, es ist immer eine Art Prüfung. Das Leben prüft uns: Bist du schon bereit für einen weiteren Aufstieg oder nicht? Glaubst du schon an das Leben – an die Liebe – oder glaubst du noch an die Illusion der Maske? Das alles sieht das Leben und wird dementsprechend die Weichen stellen.

Wenn du dich noch als etwas von Gott getrenntes wahrnimmst – als Ego, als die Maske – dann kannst du dir nicht viel vom Leben erwarten. Es kommt immer auf dein Bewusstsein an, auf deine Bewusstseinsebene, ob du das Leben als Kampf oder als den Himmel auf Erden erfährst. In der Meditation gehst du eine Verbindung zum Leben ein. Es ist, als hättest du eine Beziehung, in dem Fall eine Beziehung zu Gott. Wenn man eine gute Beziehung führen will, muss man eine gute Zeit miteinander verbringen. Die Zeit mit Gott ist die Zeit in der Meditation. Wenn du lernst zu meditieren, dann lernst du, eine gute und intensive Beziehung mit Gott – mit dem Leben – zu führen.

Der Himmel auf Erden

Wenn du lernst, eine gute Beziehung mit dem Leben zu führen, dann wirst du eins mit dem Leben. Es ist eine Frage deines Bewusstseins, also deiner Bewusstseinsebene. Wir sind alle Menschen, aber da wir uns auf unterschiedlichen Bewusstseinsebenen befinden, nehmen wir das Leben unterschiedlich wahr.

Mit dem Aufstieg in höhere Bewusstseinsebenen wirst du zwar kein anderer Mensch, aber du bekommst ein neues – ein höheres Bewusstsein. Die Probleme, die du in den unteren Bewusstseinsebenen hast, sind in diesem Stadium so real und so echt für dich, das sie dich jeden Tag belasten können. Es kann sein, dass du hier das Leben als einen einzigen Kampf wahrnimmst.

Unser Bewusstsein beeinflusst unser Denken und unser Handeln. Wenn wir uns in den unteren Bewusstseinsebenen wie Angst, Scham oder Schuld befinden, dann Denken und Handeln wir auch aus Angst, Scham und Schuld. Demnach leiden wir dann auch an Ängsten unterschiedlicher Art, Minderwertigkeitsgefühlen, Kleinheit, Einsamkeit, Scham- und Schuldgefühlen, Verzweiflung, Depression, Aggression, etc. Wir machen dann Dinge, die andere Menschen in höheren Bewusstseinsebenen wie Liebe, Freude, Frieden oder Erleuchtung, niemals tun würden. In diesen einzelnen Ebenen gibt es natürlich noch viele Abstufungen sowie individuelle Gedanken- und Verhaltensmuster.

Wenn wir noch stark im Ego gefangen sind, befinden wir uns in den unteren Bewusstseinsebenen, dann sind Angst, Scham und Schuld unsere Grundstimmung. Aus dieser

Grundstimmung heraus bleiben wir in Jobs die uns krank machen, wir bleiben in Beziehungen die uns krank machen, wir neigen dazu uns nichts zuzutrauen weil uns das Selbstvertrauen fehlt, und weil wir kein Vertrauen in das Leben haben. Wir fühlen uns vom Leben – von Gott – getrennt, wir nehmen uns nur als die Maske wahr und leben demnach in der Trennung.

Es ist wichtig zu verstehen, dass uns immer das Ego und die Identifikation mit unserem Ego, in den unteren Bewusstseinsebenen gefangen hält. Mit Ego meine ich hier speziell die Trennung von Gott, also die Vorstellung, ein von Gott getrennter Körper zu sein. Wir leben also in der Trennung. Um ein besseres Leben zu haben, müssen wir also beginnen, diese Trennung in unserem Bewusstsein aufzuheben. Dazu gibt es ein Wundermittel, es heißt „Meditation".

Die Meditation wirkt hier wie ein Wunder. Sie ist im Prinzip einfach zu erlernen und jederzeit anwendbar. Man muss es nur tun. Die Meditation ist die stille Hingabe an das Leben – an Gott. Du gibst dich in der Meditation Gott zurück. Du hebst die Trennung auf und wirst zum Ebenbild Gottes. Du wirst zum Licht der Welt, es wird ein Leben in Gott, es wird der Himmel auf Erden.

Wenn wir verstehen, dass das Leben nicht das ist, wofür wir es halten, sondern das du dich eigentlich in einer Illusion befindest, dann kannst du vielleicht auch verstehen, warum ein Leben in der Trennung nicht wirklich funktionieren kann. Ein Leben in der Trennung muss mehr oder weniger immer ein Kampf sein, weil du nicht im Fluss mit dem Leben bist. Du lebst quasi ein Leben, außerhalb von Gott.

Wenn du eine Zeitlang die Spiritualität lebst, kannst du dir nicht mehr vorstellen, ein Leben ohne Spiritualität zu leben. Ich meine hier speziell ein Leben mit der Meditation. Ein Leben mit der Meditation, ist ein Leben mit Gott. Anders kannst du keine echte Beziehung zu Gott aufbauen. Es ist die einzige spirituelle Praxis, die uns näher zu Gott bringt. Weil Gott der allumfassende Geist ist – das allumfassende Bewusstsein – die Quelle des Lebens.

Wenn wir bereit sind, uns auf ein neues Leben einzulassen, auf ein Leben in Gott – ein Leben in der Liebe – dann beginnen wir damit einen Bewusstseinsprozess. Wir verlassen dabei allmählich die Vorstellung, diese Maske zu sein, und heben damit die Trennung auf. Wir heben uns allmählich von einem Ego-Bewusstsein in ein Gottes-Bewusstsein. Dabei wird uns bewusst, dass wir nichts außerhalb von Gott sind – das wir eine geistige Ausdehnung Gottes sind – wir sind die Liebe.

Die Meditation ist ein wichtiges Werkzeug dabei. Aber auch die Geistesschulung, also die neuen Erkenntnisse die wir benötigen, und die sich in unserem Bewusstsein manifestieren müssen, um eben unser Bewusstsein zu transformieren, spielt eine entscheidende Rolle. Um zur Liebe zu werden, ist es auch notwendig, die Liebe richtig zu verstehen und sie richtig in unserem Leben zu praktizieren. Ich sagte schon: Wir befinden uns in einem Klassenzimmer der Liebe. Das ist nicht nur so dahingesagt, sondern hat die tiefere Bedeutung, dass wir die Liebe so leben sollen, wie Gott es für uns vorgesehen hat. Liebe hat ihre Wurzeln immer in der Selbstliebe. Wir haben mit unserer Maske einen eigenen Probanden, an dem wir als göttliche Ausdehnung – als Ebenbild Gottes – zeigen können, ob wir wirklich fähig sind zu lieben.

Du bist dein eigener Liebesproband

Gott ist alles was ist – alles was lebt – Gott ist die Liebe. Wenn du verstehst, dass du eine göttliche Ausdehnung bist, die ewige göttliche Präsenz des Lebens, dann kommt es allmählich zu einem Umdenkprozess in dir. Deine wahre Identität – deine geistige Identität – ist Gott, das ist dein Selbst. Es gibt kein Leben außerhalb von Gott.

Durch deine Geburt als „Vorname Nachname" hast du quasi eine zweite kleine Identität dazu bekommen – „dein kleines Ich", das Ich deiner Maske. Dieses ICH ist vergänglich und stellt nur eine vorübergehende Erscheinung deiner selbst dar. Man könnte auch sagen, es ist die Sichtbarmachung deiner Seele.

Du bist also jetzt „zwei": die ewige göttliche Ausdehnung, oder ein individueller Ausdruck Gottes der du schon immer warst und auch immer sein wirst, und eine vorübergehende Figur mit „Vorname Nachname" das ist die Maske. Die Maske hat viele Funktionen und ist gleichzeitig jetzt dein Zuhause als geistiges Wesen, als dein Selbst.

Solange du dich mit deiner Maske identifizierst, also mit deinem kleinen ICH, kommst du aus den unteren Bewusstseinsebenen nicht oder nur schwer heraus. Die Aufhebung der Identifikation mit der Maske ist also das eine. Dies kannst du durch die Meditation und durch die Geistesschulung erreichen.

Die Hingabe an Gott, also das Zurücknehmen deines Egos und die Bereitschaft, ein Leben in Gott zu leben, ist auch ein sehr wichtiger Bestandteil in deinem Prozess. Nur so kommst du in den Fluss mit dem Leben und du wirst eins mit dem Leben. Nur so kann dein Leben der Himmel auf

Erden werden. Um letztendlich zur Liebe zu werden bzw. in die Bewusstseinsebene Liebe zu gelangen oder darüber hinaus, ist es hilfreich wie das Ebenbild Gottes zu lieben. Von der Selbstliebe habe ich schon im Kapitel „Selbstliebe ist Nächstenliebe" berichtet. Ich möchte es hier nicht nochmals wiederholen, aber ich möchte nochmals darauf eingehen, wie wichtig es ist zu verstehen was Gott – was das Leben – von uns will.

Gerade im spirituellen Kreisen findet man immer wieder Menschen, die sich zwar sehr mit dem Thema Spiritualität beschäftigen, auf unterschiedliche Art und Weise, aber sie leben die Liebe nicht. Gott will, dass wir die Liebe leben, deshalb sind wir im Klassenzimmer der Liebe. Denn nichts anderes ist dieser Schauplatz hier – dieser Maskenball. Wir sind ein individueller Ausdruck Gottes. Wenn wir zum Ebenbild Gottes werden wollen, das heißt, eine Gotteserfahrung machen wollen – Erleuchten oder Erwachen wollen, wieso lieben wir dann nicht so wie Gott es vorgesehen hat.

Wir können uns noch so sehr mit Spiritualität beschäftigen, Kurse besuchen, meditieren, Bücher lesen, etc. aber wenn wir nicht lernen zu lieben, dann haben wir eine der wichtigsten Aufgaben nicht erfüllt. Aber wie können wir nun wirklich lernen zu lieben und was ist Liebe eigentlich.

Du hast bei deiner Geburt ein kleines ICH bekommen, deine Maske – dein „Vorname Nachname". Diese Maske hat viele Funktionen, sie ist auch dein Lern- und Erfahrungsinstrument. Wie ist das zu verstehen? Du bist ein individueller Ausdruck Gottes, in seiner reinsten Form. Du musst verstehen, dass du mit deiner Maske, ein kleines

ICH bekommen hast, dass gleichzeitig auch dein Liebesproband ist.

Dein kleines ICH lechzt nach Liebe und will Glücklich sein. Es will einfach nur Glücklich sein und sich geliebt fühlen. Du musst verstehen, dass du nicht dieses kleine ICH bist, sondern einfach das höhere Bewusstsein, also derjenige, der dafür da ist, diesem kleinen ICH das Leben auf eine wunderbare und liebevolle Art zu versüßen. Du sollst diesen „Vorname Nachname" mit Liebe überschütten und ihm ein glückliches Leben wie im Paradis ermöglichen, weil es das durch und durch verdient hat, und weil das die echte Liebe ist.

Es reicht nicht, von Liebe zu reden, oder sich für andere aufzuopfern und zu glauben, das ist die Liebe. Das ist nicht die Liebe, das ist die Aufopferung. Echte Liebe beginnt immer bei der Selbstliebe. Erst wenn du gelernt hast, dich selbst zu lieben – also dein kleines ICH – deinen Liebesprobanden, dann hast du die echte Liebe verstanden. Du sollst andere natürlich so respektieren wie sie sind, du kannst anderen helfen und beistehen, aber wenn du dich dabei selbst verlierst, dann ist das nicht die richtige Art von Liebe. Jeder von uns trägt Gott in sich, und jeder hat seinen eigenen Liebesprobanden bei sich, es ist unsere eigene Maske, unser kleines ICH oder unser inneres Kind.

Wenn wir verstehen, dass Liebe etwas ist, das immer bei uns selbst beginnt, dann haben wir den Schlüssel in der Hand zur Liebe zu werden, zum Ebenbild Gottes zu werden.

Wie kannst du lernen, dein kleines ICH zu lieben? Es reicht nicht, zu sagen: „Ich liebe mich" und „Ich bin es Wert, geliebt zu werden". Ja, das sind nette Worte, ein guter Anfang, aber wie lebst du deine Liebe im Alltag? Stellst du dein ICH immer an erste Stelle? Oder kümmerst du dich noch zuerst um dies und um das und um alle anderen, und dann, wenn noch Zeit bleibt, dann kommen auch deine eigenen Bedürfnisse dran. Das ist nicht die echte Liebe, da sind wir wieder bei der Aufopferung oder bei der Schuld. Man kann natürlich Kompromisse schließen, aber nur dann, wenn das für dich wirklich in Ordnung ist, und wenn du nicht auf der Strecke bleibst. Ein „JA" zu einem anderen Menschen kann gleichzeitig ein „NEIN" zu dir selbst sein. Wenn du deine Zeit aufopferst, nur weil du nicht NEIN sagen kannst, dann hat das nichts mit Liebe zu tun. NEIN sagen zu lernen ist ein ganz wichtiger Bestandteil in der Liebe.

Wie sieht es mit deinem Job aus? Bist du in deiner Arbeit wirklich glücklich? Macht dir deine Arbeit wirklich Spaß? Wir leben die Liebe nicht, wenn wir langfristig eine Arbeit machen, die uns keinen Spaß macht. Genauso leben wir nicht die Liebe, wenn wir an einem Arbeitsplatz bleiben, der uns in irgendeiner Art und Weise nicht guttut, sei es wegen der Arbeitskollegen, des Chefs, oder aus anderen Gründen.

Wenn dich deine Arbeit in irgendeiner Form belastet und du nichts dagegen tust, dann ist das alles andere als Liebe. Dann kannst du noch so viel von Liebe reden, du praktizierst die Liebe nicht. Du täuschst dich selbst, aber du liebst dich nicht. Du sorgst nicht dafür, dass es dir gut geht, und dass du glücklich bist, du bist vermutlich in der Angst.

In der Angst zu sein verhindert natürlich die Liebe. Die Angst ist immer der Gegenspieler der Liebe. Wenn du durch die Angst durchgehst, bist du wieder in der Liebe. Es ist wie eine Medaille: Auf der einen Seite ist die Angst, auf der anderen Seite ist die Liebe. Welche Seite zeigst du dir selbst? Durch die Angst hindurchzugehen erfordert Mut und Gottvertrauen, beides sind wichtige Komponente auf deinem spirituellen Weg.

Unser kleines ICH will geliebt werden, es will glücklich sein. Es will nicht ausharren oder in einer misslichen Lage stecken bleiben. Wenn du dein kleines ICH aus der unliebsamen Situation befreist, geht dein Herz wieder auf. Du beginnst wieder zu strahlen und du spürst wieder, was es heißt, glücklich zu sein.

Richtig zu lieben heißt, zuerst dir selbst treu zu sein – jeden Tag deines Lebens auf deine Bedürfnisse zu hören und diese auch zu erfüllen. Richtig zu lieben bedeutet, dich selbst glücklich zu machen, weil du dein Liebesproband bist. Wenn du diese Liebe lebst, lebst du im Einklang mit Gott – mit dem Leben. Richtig zu lieben bedeutet, alles zu tun, damit dein kleines ICH nicht leidet. Es hat das Recht auf Liebe, Glück und Zufriedenheit. Wenn du dich selbst liebst und für dich sorgst, dann erfüllst du die Aufgabe, die Gott dir zugedacht hat. Du machst dein kleines ICH – dein „Vorname Nachname" glücklich und bringst dich dabei selbst zum Strahlen.

Richtige Liebe geht nicht auf Kosten anderer und hat überhaupt nichts mit Egoismus zu tun, wie vielfach angenommen wird. Wenn du es gelernt hast, dich selbst einmal zu lieben, für dich zu sorgen und dich glücklich zu machen, dann wirst du zur Liebe. Dann gehst du über vor

Liebe. Du verletzt dich dann selbst nicht mehr, und auch keine anderen. Du bist ein liebevoller und angenehmer Zeitgenosse, weil du kein starkes Ego mehr hast. Und vor allem du bist glücklich, weil du gelernt hast, Verantwortung für dein eigenes Glück zu übernehmen. Durch echte, gelebte Liebe wirst du deiner Aufgabe als Ebenbild Gottes gerecht. Diese besteht darin, deinem kleinen ICH, deinem „Vorname Nachname" ein Leben in Liebe, Freude und in Glück zu ermöglichen.

Wie sieht es mit deiner Partnerschaft aus? Bist du in einer glücklichen Partnerschaft? Gerade in der Partnerschaft verharren wir oft in Situationen die uns absolut nicht mehr glücklich machen und guttun. Wir sind oft in Abhängigkeiten verstrickt oder bleiben in schlechten Beziehungen aus einem Schuld- oder Pflichtgefühl heraus. Oftmals herrscht schon seit langem keine Liebe mehr in der Partnerschaft, sondern einfach nur noch Gewohnheit und Bequemlichkeit. Aber mit Freude, Liebe und Glück hat das oft nichts mehr zu tun. Wenn du dich nicht mehr wohl fühlst in einer Partnerschaft, wenn du nicht mehr liebst, dann ist es Zeit, etwas zu ändern.

Es muss ja nicht gleich die Trennung sein, aber zumindest ein klärendes Gespräch. Wir reden oftmals viel zu wenig miteinander. Offenheit und gute Kommunikation ist aber so wichtig in einer Partnerschaft die von Liebe geprägt sein soll. Wenn wir uns nicht mitteilen, wie soll sich dann etwas ändern. Wie wäre es einmal mit einem romantischen Abendessen, bei dem man sich einfach einmal bewusst macht, wie schön es einmal war und was dich an deiner Partnerin einmal so fasziniert hat. Dabei können sich vielleicht neue Gefühle entwickeln, die schon etwas eingerostet waren.

Die Partnerschaft, die romantische Liebe und die körperliche Liebe sind Bereiche, die uns sehr glücklich machen können. Es sind jene Bereiche, in denen wir unsere Liebe intensiv ausleben können, dürfen und sollen. Die Voraussetzung dafür ist jedoch, dass die Liebe zwischen den Partnern noch da ist und nicht verloren gegangen ist. Wenn du keine Liebe mehr spürst, sondern nur noch ein Pflichtgefühl oder ähnliches, dann solltest du dich fragen, ob du hier noch richtig bist. Manchmal ist es besser, eine Partnerschaft zu beenden, weil dies eine echte Befreiung sein kann, meistens für beide Beteiligten.

Es ist ein wahrer Akt der Liebe, dir selbst und deiner Partnerin gegenüber, eine schlechte Beziehung zu beenden. Kein Akt der Liebe ist es, eine schlechte Beziehung krampfhaft aufrechtzuerhalten, nur um nicht als der Böse dazustehen.

Wenn du eine schlechte Beziehung beendest, bist du nicht der Böse, sondern derjenige, der verstanden hat, dass dies nichts mehr mit Liebe zu tun hat. Wenn du eine schlechte Beziehung beendest, habt ihr beide wieder die Gelegenheit, euch neu zu verlieben. Sich neu zu verlieben ist immer die schönste und intensivste Art zu lieben. Hier spürst du die Liebe in ihrer stärksten Form. Du schwebst auf Wolke sieben und bist in dieser Phase überglücklich. Dein Herz tanzt, und du möchtest am liebsten die Zeit anhalten.

Wir können beim Beenden einer schlechten Beziehung nur bedingt Rücksicht auf unsere Partnerin nehmen. Es geht dabei darum, dass wir in Sache Liebe einfach immer unserem Herzen folgen. Alles andere, kannst du beiseitelassen, dies sind nur Ego-Gedanken und haben nichts mit echter Liebe zu tun.

Du alleine bist dafür verantwortlich, dass dein Herz tanzt. Ob das Herz deiner Ex-Partnerin tanzt oder nicht, sollte dich nicht interessieren. Das Herz deiner Expartnerin tanzt vielleicht erst in einem Monat wieder, oder in einem Jahr, darauf hast du keinen Einfluss.

Es ist auch in diesem Fall wieder wie mit einer Medaille: Auf der einen Seite ist die Liebe auf der anderen Seite ist die Angst, oder die Schuld. Wenn du den Weg der Angst oder der Schuld gehst, dann bleibst du in einer Beziehung, in der keine Liebe mehr ist. Wenn du den Weg der Liebe gehst, dann beendest du diese Beziehung und gibst den Weg frei für die Liebe. Wenn du liebst, dann liebe richtig, aus vollen Herzen. Aber verwechsle Liebe nicht mit Angst, Pflichtbewusstsein, oder Schuld.

Mit dem Beenden von Beziehungen haben so manche ihre Probleme. Oft sind es die Männer, die gerne in gewohnten, wenn auch schlechten Beziehungen verharren. Du bist dann in der echten Liebe, wenn du den Weg deines Herzens gehst. Frage dich also stets: Was will ich? Fühle ich mich in dieser Beziehung noch wohl? Will ich in dieser Beziehung wirklich noch bleiben? Lass deine ganze Angst, deine Schuldgefühle, deine Mitleidsgefühle, etc. beiseite – sie haben in der Liebe nichts verloren. Sie täuschen uns nur etwas vor, was nicht da ist. Deine Partnerin kann dir in einem Monat oder in einem Jahr dankbar sein, dass du die Beziehung beendet hast, weil sie jemand kennengelernt hat, der viel besser zu ihr passt und der ihr Herz wieder zum Tanzen bringt.

Solche Situationen sind immer eine Prüfung des Lebens. Gehe ich den Weg meines Herzens – den Weg der Liebe oder gehe ich den Weg der Angst – den Weg der Schuld?

Aus Angst, Scham, Schuld kommst du nur raus, wenn du den Weg der Liebe gehst. Das ist der Weg, der dein kleines ICH – dein „Vorname Nachname" letztendlich glücklich macht. Man kann auch ihn Würde und mit Respekt eine Beziehung beenden, ohne jemand zu verletzen und ohne Schuldgefühle zu haben. Man muss nur verstehen, dass es nicht darum geht „um jeden Preis zusammen zu sein", sondern darum „zu lieben". Im besten Fall liebst du dein kleines ICH, und deine Partnerin, aber wenn beides nicht möglich ist, dann liebe zumindest dein kleines ICH, denn das ist deine göttliche Aufgabe.

Du bist niemanden etwas schuldig im Leben, weder deiner Partnerin, deinen Eltern noch deinen Freunden und Bekannten. Deinen Kindern bist du es schuldig sie in ein gutes Leben zu führen, und ihnen beim Start ins Leben unter die Hände zu greifen. Diese Verantwortung haben wir, wenn wir Kinder in die Welt setzen. Aber wir können auch von unseren Kindern nicht erwarten, dass sie uns ein Leben lang dafür dankbar sind oder uns irgendetwas schulden. Die Liebe zu unseren Kindern ist auch ein Bereich, indem wir sehr starke und intensive Liebe spüren und leben können.

Auch an unseren Kindern können wir lernen zu lieben. Wir können lernen bedingungslos zu lieben, indem wir sie einfach so annehmen, wie sie sind, ohne sie in irgendeine Zwangsjacke stecken zu wollen. Wir sind eben alle ein individueller Ausdruck Gottes, nur leider wollen wir das gerade bei unseren Kindern oft nicht so sehen. Wir haben oft unsere eigenen Vorstellung davon, wie unsere Kinder sein sollen, was sie beruflich machen müssen, und mit wem sie zusammen sein sollen. Doch das sind unsere Vorstellungen und nicht die unserer Kinder, und unsere

Vorstellungen entsprechen meist nicht der Vorstellung von Selbstverwirklichung unserer Kinder. Wir sollten also auch hier, unser Ego einfach zurücknehmen, und unseren Kindern mit bedingungsloser Liebe begegnen und sie unterstützen, wenn sie Hilfe brauchen.

Die bedingungslose Liebe, wie der Name schon sagt, stellt keine Bedingungen an jemand. Sie liebt der Liebe wegen, sie kommt aus dem Herzen und nicht aus dem Kopf. Die wichtigste Person, der wir bedingungslose Liebe schenken sollten, sind wir selbst.

Unser kleines ICH, unser „Vorname Nachname" benötigt unsere bedingungslose Liebe. Du bist dein eigener Liebesproband heißt, lerne an dir selbst echt und bedingungslos zu lieben. Das bedeutet: Sei auch gut zu dir, wenn du nicht die Dinge erreichst, die du dir vorgenommen hast. Liebe dich auch, wenn du nicht so toll, so schön, so erfolgreich und so klug bist wie du das gerne wärst.

Akzeptiere, dass du so bist, wie du bist. Das heißt natürlich nicht, dass man nicht an sich arbeiten kann, du kannst vor allem daran arbeiten, dich etwas lockerer wahrzunehmen. Du kannst lernen, dich nicht mehr so wichtig zu nehmen und auch das Leben nicht so ernst zu nehmen. Das Leben ist ein Spiel, es ist ein leichtes Spiel, es ist ein Liebesspiel mit dir selbst. Unsere Vorstellungen die wir alle haben, von wegen Erfolg, Reichtum und davon, etwas darstellen zu müssen, was soll das alles? Wozu das ganze? Macht es dich glücklich?

Das wichtigste ist doch, dass du glücklich bist, vor allem heute, jetzt sofort und in Zukunft. Die Zukunft ergibt sich jedoch aus dem Jetzt. Wenn du jetzt oder heute, genau das machst, wozu du Lust hast, dann bist du heute im Glück. Du brauchst dabei nicht an morgen zu denken, das Morgen kommt automatisch auf dich zu. Erledige einfach deine Aufgaben und danach mach das, was dich glücklich macht. Es klingt banal, und es ist banal. Dein Glück liegt im Nicht-Denken, weil du aufhörst dir ständig Sorgen zu machen. Stattdessen lässt du dich ein auf das echte Leben, das dich dann durchströmt wenn deine eigenen Gedanken anhalten – also in der Meditation.

Wir können lernen, einfach glücklich zu sein. Das geht, wenn wir weitgehend aus unserem Denken aussteigen, und wenn wir dem Leben weitgehend die Führung übergeben.

Glücklich zu sein, bedeutet in erster Linie zu SEIN – im Glück zu sein. Die wichtigste Aufgabe in deinem Leben ist es, dich glücklich zu machen.

Das ist eine Win-win-Situation. Du als „Vorname Nachname" bist glücklich, und du als dein SELBST steigst die Bewusstseinsebenen empor, weil du die wichtigste Lektion im Leben verstanden hast und diese auch lebst.

Einfaches Leben – Gutes Leben

Je bewusster wir werden, je mehr wir aus unserem Ego heraus kommen – aus unserer Unbewusstheit, aus unserer Illusion, etwas außerhalb von Gott zu sein –, desto mehr kommen wir in die Liebe.

Wir erkennen dabei im Laufe dieses Prozesses meist, dass uns die materiellen Dinge, die für uns einmal wichtig waren, eine immer weniger wichtige Rolle spielen. Das ist weder gut noch schlecht. Es ist einfach eine Veränderung, die uns begleitet, weil wir uns immer mehr der geistigen Welt, also Gott zuwenden. In der geistigen Welt gibt es keine materiellen Dinge, es gibt die Liebe und die Freude im SEIN. Gleichzeitig ist der Weg in die Liebe und in die Freude ein Weg, der eingeleitet und dadurch unterstützt wird, dass wir unsere materiellen Ego-Bedürfnisse erkennen und bewusst reduzieren.

Nur unser Ego glaubt immer, sehr viel von allem zu brauchen. Es glaubt, das Glück in der Ansammlung von Geld, Gegenständen, Besitztümern etc. zu finden. Dies ist jedoch nur ein Glück an der Oberfläche. In der Materie können wir kein echtes Glück finden. Echtes Glück finden wir in unserem Bewusstsein, indem wir uns auf den Weg in höhere Bewusstseinsebenen machen, dies ist dann ein seelisches Glück – ein spirituelles Glück das wir finden. Wir können durch bewusstes Zurücknehmen unserer Ego-Bedürfnisse erfahren, das uns weniger Materie glücklicher macht.

Zunächst ist es eine bewusste Entscheidung sich zurückzunehmen – sich zu reduzieren. Das beginnt beim Einkaufen von Gewand, Lebensmittel und anderen Dingen,

von denen wir glauben, sie unbedingt zu benötigen.
Manchmal haben wir sehr viele Dinge, die wir gar nicht
benötigen. Sie geben uns das Gefühl, in Fülle und im
Überfluss zu leben. In Wirklichkeit nehmen Sie viel Raum
ein, speziell Raum in unserem Denken. Je mehr wir haben,
desto mehr denken wir wieder daran, es zu schützen, es zu
versichern, es zu reinigen, es zu lagern und es in Schuss
zu halten. Oft ist es damit verbunden, dass wir wieder sehr
viel Geld aufbringen müssen, es zu finanzieren und uns
leisten zu können. All dies sind Dinge, die uns im Denken
festhalten, es sind meist neue Sorgen, die wir uns wieder
damit machen. Es ist auch oft damit verbunden, das wir
sehr viel Geld verdienen müssen, um uns all dies leisten zu
können. Dies bedeutet, dass wir entweder viel arbeiten
müssen oder das wir ein gutes Geschäft haben müssen,
um unser teures Leben zu finanzieren. Ein gutes Geschäft
zu haben bedeutet auch wieder viel Einsatz und viel
Denken.

Auf was will ich hinaus?

Wenn wir verstehen, dass wir in der Materie kein echtes
Glück und keinen echten Frieden finden, sondern eher das
Gegenteil, dann können wir den Weg freimachen für ein
Leben in der Meditation. Ich empfehle dir dazu das Buch
„Ein Millionär und ein Mönch" von Julian Hermsen. Es geht
dabei darum, dass ein Firmeninhaber und Millionär von
seinen Mitarbeitern drei Wochen Urlaub in einem
tibetischen Kloster geschenkt bekommt. Dort lernt er einen
Mönch kennen, von dem er sehr viel lernt. Unter anderen
lernt er, wie zufrieden und in welcher Glückseligkeit dieser
Mönch lebt. Der Mönch besitzt nur fünf Dinge, und hat ein
kleines Zimmer im Kloster. Das Leben des Millionärs ändert
sich in diesen drei Wochen so radikal, dass er alles in

seiner Heimat auflöst und für immer nach Tibet ins Kloster geht. Er hat also nur in diesen drei Wochen erkannt, dass das wahre Glück nicht in der Materie zu finden ist.

Dies kann ich nur bestätigen: Das wahre Glück liegt in dir selbst – in der Hingabe an Gott, und im Zurücknehmen deines Egos, das heißt auch im Zurücknehmen deiner Bedürfnisse. Solange du dein Glück von der Materie abhängig machst, bist du kein freier Mensch. Die echte Freiheit entsteht, wenn du dich von der Anhaftung an die Materie löst. Das ist primär eine innere Einstellung. Dieses Fehlen der Materie, wird dann ersetzt durch die Präsenz des Heiligen Geistes in dir, das gleichzusetzen ist mit einem Gefühl von Angekommen sein. Ich habe es schon erwähnt, es ist wie ein Gefäß. Wenn du Platz machst in dir, wenn du dein Denken reduzierst, wenn du dein Ego reduzierst, machst du Platz für den Heiligen Geist – für Gott – in dir. Daraus ergibt sich eine Bedürfnislosigkeit, weil du nichts mehr brauchst, weil du alles in dir trägst, das dich glücklich macht, weil du dich selbst gefunden hast.

Der äußere Reichtum steht oft im Widerspruch zum inneren Reichtum, bzw. zum inneren Frieden. Wenn du Geld hast, ist das okay, wir leben in einer materiellen Welt. Aber frage dich einmal: Was wäre ich ohne meinem Geld? Was wäre ich ohne meinem Reichtum? Was wäre ich ohne meine Partnerin? Wir klammern uns oft so sehr an die Materie wie Geld, Besitz und an andere Menschen, dass wir uns kaum vorstellen können ohne sie leben zu können. Wir identifizieren uns oft so sehr mit der Materie und haben dabei nur wenig Zugang zu unserem Selbst – zu Gott. Es ist vielfach so, dass uns die Materie beherrscht und nicht wir die Materie.

Überleg einmal, wieviel Raum dein Denken über deine Arbeit einnimmt. In manchen Leben dreht sich alles oder sehr viel nur um die Arbeit. Deshalb haben manche Menschen das Gefühl: Ohne meine Arbeit bin ich nichts. Zumindest nimmt die Arbeit einen Großteil ihres Denkens und somit ihres Lebens ein.

Wenn wir beginnen, unser Denken bewusster wahrzunehmen, ist das eine interessante Erfahrung. Worüber denkst du den ganzen Tag? Das Denken ist eine Angewohnheit unseres Verstandes, die manchmal unaufhörlich ist. Es ist wie ein automatisches Denksystem, das sich nicht oder nur schwer abstellen lässt. Es nimmt uns völlig ein, und die meisten Menschen identifizieren sich natürlich voll und ganz mit ihrem Denken. Sie sagen dann: Ich denke so viel, ich habe Angst, ich habe Sorgen, etc.

Unser Denken ist das Denken unseres Verstandes – unseres Egos. Dieser Verstand gehört zu unserer Maske. Deshalb bist nicht du derjenige, der hier denkt, sondern einfach dein Verstand, der ein Teil deines Körpers ist – ein Teil deiner Maske. Du jedoch, bist das höhere Bewusstsein, der ewige göttliche Anteil in dir. Beginne also, dein Denken zu beobachten, und vor allem beginne, es bewusst zu reduzieren. Das Reduzieren unseres Denkens können wir damit unterstützen, indem wir unser Leben einfacher gestalten. Gehen wir der Frage nochmal auf den Grund: Worüber denkst du den ganzen Tag? Wenn du dich selbst beobachtest, worüber du die meiste Zeit des Tages nachdenkst, dann weist du sofort, wo du ansetzen kannst, um dein Leben einfacher zu gestalten.

Wenn du all dieses Denken, diese Sorgen, diese Ängste, die dich den ganzen Tag belasten, reduzieren möchtest, dann musst du die Ursache deines Denkens einfach auflösen oder reduzieren. Das heißt: Wenn sich deine Gedanken hauptsächlich um deine Arbeit drehen, warum arbeitest du so viel? Brauchst du vielleicht so viel Geld um dir so viele schöne Dinge leisten zu können, die dich in Wirklichkeit gar nicht glücklich machen? Wenn du dich reduzierst, wenn du dir einmal dein Konsumverhalten genauer anschaust, wirst du vielleicht erkennen, dass du viel kaufst, dass du gar nicht brauchst.

An unserem Konsumverhalten können wir am ehesten lernen unser Leben, einfacher zu gestalten. Wir kaufen nur mehr das, was wir wirklich brauchen. Probiere es einmal drei Monate aus: Kaufe nur das, was du wirklich brauchst. Trenne dich von dem, was du nicht mehr brauchst. Wir haben oft so viel Zeug angesammelt, das uns unser Leben nicht einfacher macht. Miste einmal so richtig aus bei dir zu Hause, schau, wie befreiend das sein kann. Du wirst sehen, um wieviel freier dein Kopf auf einmal wird, wenn du freien Platz in deinem Leben schaffst. Wenn wir uns auf das Wesentliche reduzieren, werden wir nicht nur freier von unnötigen Ballast, sondern auch freier im Kopf.

Alles, was wir reduzieren, dass unser Denken in Anspruch nimmt, hilft uns, in die Liebe zu kommen. In die Liebe kommen wir durch die Meditation, also durch das Nicht-Denken. In die Liebe zu kommen bedeutet auch, in die Freude und in den Frieden zu kommen. Von der Liebe ist der Weg nicht mehr weit in die Freude, in den Frieden, in die unendliche Befreiung. Beobachte also stets dein Denken und beginne, dich zu fragen: Was ist der Inhalt meines Denkens, und wie kann ich mein Leben vereinfachen, um weniger zu denken und um weniger Sorgen und Ängste zu haben?

In der Ruhe liegt die Kraft

Ein weitere Eigenschaft unseres Egos ist es, zu glauben, keine Zeit zu haben. Auch dies ist eine Illusion des Egos, denn wir haben alle gleich viel Zeit. Das Gefühl, keine Zeit zu haben, ergibt sich aus der Angewohnheit, schnell zu handeln und sich keine Zeit zu lassen. Durch schnelles und unbewusstes Handeln, sind wir nicht im Augenblick präsent.

Es ist ein Irrtum zu glauben, dass wir durch schnelles Handeln Zeit sparen. Wir sparen keine Zeit, sondern, wir nehmen die Zeit und die Art, wie wir die Zeit verbringen, nicht bewusst wahr. Wenn wir beginnen, bewusster und langsamer zu agieren, dann sind wir mehr im Augenblick präsent. Wir jagen der Zeit nicht mehr nach, sondern wir sind im Jetzt. Wenn wir im Jetzt sind, mit voller Präsenz und mit voller Aufmerksamkeit, dann nehmen wir aktiver und bewusster am Leben teil.

Bei manchen Menschen hat man das Gefühl, ihr Leben ist ein Wettlauf mit der Zeit. Das Beste, was wir tun können, um mehr Zeit zu haben, ist nicht, schneller zu handeln, sondern langsamer und bewusster zu handeln. Gleichzeitig sollten wir unseren Terminkalender nicht so vollpacken. Es ist wunderschön, einfach einmal in den Tag hineinzuleben, ohne Termine, ohne Pläne. Je mehr wir bewusst die Zeit anhalten und einfach in die Stille gehen, desto langsamer wird unser Leben, und wir bekommen wieder das Gefühl, genug Zeit zu haben. Die Zeit ist ein wunderschönes Geschenk, das wir im „Einfach SEIN" am besten wahrnehmen können.

Aus der Hektik des Alltags auszusteigen, ist eine bewusste Entscheidung zur Langsamkeit. Es beginnt bei einem

Spaziergang in der Natur. Reduziere einmal dein Geh Tempo um die Hälfte deines üblichen Tempos. Du wirst sehen, wie du die Natur und alles um dich herum viel intensiver und bewusster wahrnimmst. Auch die Düfte, den Gesang der Vögel, die Landschaft wirst du viel bewusster und intensiver wahrnehmen. Du kannst lernen, beim Gehen zu meditieren, indem du einfach zwei bis drei Meter vor dir auf den Boden schaust, aufhörst zu denken und einfach wahrnimmst, wie dein Körper automatisch sich fortbewegt. Das Aufhören zu denken ist vielleicht neu für dich, weil du es gewohnt bist, dass dein Verstand immer denkt. Glaube mir, es ist völlig in Ordnung nicht zu denken – das ist die Meditation. Erlaube dir einfach, nicht zu denken, es ist nur eine Übungssache. Beim Gehen schaffen wir das oft leichter als einfach beim Sitzen, weil wir uns dabei selbst beobachten können. Du kannst dich in dein Gehen hineinversenken, dich einfach darin verlieren. Es ist wie eine Trance oder eine Gehhypnose. Durch Langsamkeit werden wir bewusster und meditativer. Wenn wir beginnen, einen langsameren und bewussteren Zugang zu unserem Leben zu finden, wird uns das Leben mit neu gewonnener, schöner Zeit ohne Hektik und Stress belohnen.

Es ist eine grundsätzliche Entscheidung im Leben, dein Tempo zu reduzieren. Lass dich einfach nicht Mitreißen von der Hektik der anderen. Probiere es aus, du wirst schon bald eine neue Lebensqualität feststellen.

In der Ruhe liegt nicht nur die Kraft, sondern auch die Schönheit, der Erfolg und das intensivere, genussvollere Erleben. Jedes Mal, wenn du langsamer wirst, dir Zeit lässt Pausen einlegst, handelst du nicht so unbewusst und du lässt den Heiligen Geist mitwirken. Du bist quasi in der Meditation, und dies verbindet dich mit dem Leben – mit dem echten Leben. In der Hektik, in der Eile, geht das echte Leben an dir vorbei. Deshalb haben wir nach einem hektischen Tag oft das Gefühl, nicht wirklich gelebt zu haben.

Die Bewusstheit und die Langsamkeit sind die Eintrittskarten in ein spirituelles Leben und Lieben. In der Spiritualität können wir das Leben intensiver spüren. Wir kommen auch in eine höheren Schwingung, wenn wir der Meditation Platz in unserem Leben einräumen. In eine höhere Schwingung zu kommen bedeutet, dass wir in die oberen Bewusstseinsebenen, wie Liebe, Freude, Frieden, eintauchen. Wenn du dich für die Langsamkeit und Bewusstheit entscheidest, wird es dir automatisch leichter fallen, in die Meditation zu kommen.

Ein anderer Bereich, indem die Langsamkeit und Bewusstheit sehr gefragt sind, ist die körperliche Liebe – der Sex. Besonders bei der körperlichen Liebe bringen die Langsamkeit und die Bewusstheit eine neue Qualität ins Liebesspiel. Wenn wir Liebe machen, können wir dies schnell hinter uns bringen, oder wir lassen uns Zeit und genießen ein ausgedehntes Liebesspiel. Deine Partnerin wird es dir danken, wenn du dir beim Liebe machen, Zeit lässt. Die Spannung und die Energie, die wir bei einem ausgedehnten Liebesspiel aufbauen, ist unvergleichbar höher und schöner. Eine Frau braucht ein langsames Liebesspiel und viel Zeit für einen Orgasmus. Bei einem durchschnittlichen Liebesspiel von 15 – 30 Minuten hat die Frau meist wenig davon, oder höchstens einen klitoralen Orgasmus. Um einen vaginalen oder gar einen Zervix-Orgasmus zu erleben, benötigt die Frau viel mehr Zeit.

Grundsätzlich halte ich nichts davon, beim Liebe machen irgendetwas erreichen zu wollen. Es kommt alles von selbst, wenn man sich einfach ohne Zeit- und Erfolgsdruck aufeinander einlässt und sich in Liebe verbindet. Je entspannter und liebevoller wir dies tun, desto schöner wird es werden. Sex hat nichts damit zu tun, eine Leistung zu erbringen. Die Frau sollte nichts erreichen wollen und der Mann schon gar nicht. Der Mann sollte darauf achten, dass er nichts erreicht, das ist das Beste, was er tun kann. Er sollte lernen, Liebe zu machen, ohne einen Orgasmus zu haben. Sein eigentliches Ziel sollte sein, mit seiner Partnerin in Liebe zusammen zu sein, um gemeinsam Liebe zu machen – Liebe zu verströmen.

Beim längeren Liebesspiel wird die Energie, die der Mann normalerweise bei der Ejakulation abgibt, vom Körper absorbiert. Wenn das Paar eine Stunde oder länger in Liebe zusammen ist, entsteht eine richtige Ekstase. Die Energie baut sich dabei immer stärker auf, und gibt euch ein wunderbares, nährendes und befriedigendes Gefühl, es ist wie ein Ganzkörperorgasmus. Eine Ejakulation kann sein, muss aber nicht. Strebe sie einfach nicht an, wenn sie kommt, ist es in Ordnung, wenn nicht, auch.

Schaut euch beim Liebe machen, in die Augen. Wenn möglich, verbindet eure Zungen, es entsteht dann ein richtiger Energie Kreislauf durch eure beiden Körper. Liebe machen heißt deshalb Liebe machen, weil ihr durch euer Zusammensein, eine ganze hohe Schwingung der Liebe, generiert. Beim Sex können wir die stärkste Liebes Energie erzeugen. Aus spiritueller Sicht ist Sex nicht etwas, womit man sich selbst befriedigt, sondern eine Möglichkeit, womit man Liebe generiert. Wenn wir spirituelle Liebe machen, senden wir beim Sex in hohem Maße Liebe aus. Liebe ist ein geistige Bewusstseinsebene, und gleichzeitig eine hoch schwingende geistige Energie, göttlichen Ursprungs. Es ist ein wesentlicher Unterschied, ob ich beim Sex nur meine eigene Befriedigung suche oder ob ich Sex als eine Möglichkeit sehe, Liebe in die Welt zu bringen. Energie ist „Geist in Bewegung". Die Energie, die wir bei einem ausgedehnten Liebesspiel freisetzen, geht hinaus in die Welt. Das ist ein Liebevoller Beitrag für die Liebe, durch die Liebe. Es ist die schönste Art, das Klima und die Schwingung auf dieser Welt zu verbessern. Also liebt, liebt, liebt, aber macht es langsam, sonst wird es nicht lange dauern.

Wenn wir lernen, langsamer an die Sache heranzugehen, dann wird sich das enorm auf die Qualität und die Länge des Liebesspiels auswirken.

In der Ruhe liegt die Kraft, gilt auch bei alltäglichen Erledigungen und Ereignissen. Was auch geschehen mag: Wenn wir ruhiger und gelassener reagieren, geben wir dem Leben die Chance, uns zu helfen. Es passieren auch weniger Fehler, Unfälle und Missgeschicke. Unser Ego ist oft geneigt, sofort und schnell zu reagieren. Diese schnellen Reaktionen kommen meist nicht aus der Liebe, sondern aus der Angst. Unser Ego ist so gestrickt, das es glaubt, sich verteidigen zu müssen. Wenn wir langsamer reagieren, reagieren wir bewusster und wir reagieren mehr aus der Liebe. Wir schärfen dadurch auch unsere Intuition, das sind die Botschaften aus der geistigen Welt. Wenn wir uns dafür öffnen, werden wir merken, dass wir stets in einer Interaktion mit dem Heiligen Geist stehen. Dazu müssen wir aber bereit sein, langsamer und ruhiger zu werden und eine Sensibilität für das Geistige zu entwickeln.

Ein neues Denken

Wenn wir einen spirituellen Weg gehen – und den gehen wir alle, einer mehr, der andere weniger – dann bekommen wir einen weiteren und einen offeneren Eindruck vom Leben. Unser Bewusstsein verändert sich, weil wir allmählich aus unserem kleinen Ego-Denken aussteigen und in einer anderen Dimension denken. Um genau zu sein, ist es kein neues Denken, sondern es ist ein neues „Nicht-Denken". Es ist ein neues Bewusstsein, das durch Nicht-Denken und Umdenken entsteht. Es ist der Heilige Geist, der in uns Platz bekommt, weil wir unser Ego-Denken reduzieren. Dadurch werden wir offen für den Heiligen Geist, der dann durch uns und in uns lebt.

Wir sind alle geistige Geschöpfe, ein Teil des Heiligen Geistes. Doch diese Tatsache ist durch die Anwesenheit unseres starken Egos und der damit verbundenen Vorstellung, ein Körper außerhalb von Gott – außerhalb des Heiligen Geistes – zu sein, völlig verloren gegangen. Wir leben ein Leben als eigenständiges, von Gott getrenntes materielles Individuum und wundern uns dann oftmals, warum wir ein Leben in Kampf, Mühe und im Leiden verbringen. Wenn wir unser Ego zurücknehmen und beginnen, uns dem Heiligen Geist – also Gott – wieder hinzugeben, können wir unser Leben einfach genießen. Unser Ego ist dazu da, das Leben, das Gott uns schenkt, auf individuelle Art und Weise auszuleben und zu genießen.

Wenn wir lernen, aus der unbewussten Führung unseres starken Egos wieder auszusteigen, können wir eine neugewonnene Leichtigkeit und Freiheit erleben. Die ganzen überzogenen Ansprüche unseres starken Egos, an Geld, Besitz, Reichtum, Macht, etc. sind absolut unnötig und erschweren uns nur das Leben. Sie führen uns in einen ständigen Wettbewerb mit anderen Menschen, in einen endlosen Kampf nach immer mehr, Geld, Besitz, Reichtum, Macht, etc. Am Ende des Tages werden wir uns fragen: Welchen Sinn hat das Leben gehabt? Ich habe geschuftet und gekämpft, und jetzt gehe ich wieder „mit leeren Händen" und sage Adieu, liebe materielle Welt. Mein ganzer Besitz, mein ganzer Reichtum, jetzt muss ich ihn wieder zurücklassen. Hat das ganze einen Sinn gehabt? Wenn ja, welchen? Wir kommen zu dem Schluss, dass wir nicht wirklich etwas besitzen können auf dieser Welt. Es war schon immer alles da, und es wird immer alles das sein – vor unserem Auftritt und nach unserem Auftritt, auf diesem Maskenball. Und das, was wir vielleicht erschaffen haben, haben wir mit Gottes Hilfe erschaffen. Doch es bleibt alles da, wo es ist, wir können es nicht mitnehmen. Wir kommen mit leeren Händen, und wir gehen wieder mit leeren Händen. War also alles eine Illusion? Hat mich mein Ego getäuscht?

Ja, die verflixten Illusionen und dieses Ego. Es hat mich viel Schweiß gekostet, so reich zu werden, und nun, was habe ich davon? Solche und ähnliche Fragen können wir vermeiden, wenn wir bewusster werden – wenn wir aufwachen – und beginnen, unser Ego zu hinterfragen. Wir kommen dann häufig zu dem Schluss, dass unser Ego nicht immer der richtige Ratgeber im Leben ist. Im Gegenteil: Unser Ego ist vielmehr der Grund, warum wir leiden und warum wir oftmals unser Leben als Kampf wahrnehmen. Und dennoch kann uns unser Ego etwas lehren. Es kann uns lehren, wie das Leben nicht funktioniert. Immer wenn wir Angst, Druck, Neid, Gier, Scham, Schuld, Ärger, Groll, Missgunst, Eifersucht, etc.

verspüren, sollten wir ruhig werden und uns bewusst machen, dass gerade unser Ego aktiv ist. Wir können in solchen Situationen anhalten und nach innen gehen, wir können ruhig werden und lernen, aus unseren Ego-gesteuerten Mustern auszusteigen. Wir können in die Liebe kommen, wenn wir in solchen Situationen unser Ego zurücknehmen. Ein neues Denken bedeutet vor allem ein bewussteres Denken.

Dieses Buch soll dich zu einem bewussteren Denken animieren. Es soll dir helfen, aus deinem unbewussten, Ego-gesteuerten Leben auszusteigen und über den Tellerrand deines Egos zu schauen. Wenn du langsamer und bewusster wirst, wenn du beginnst zu meditieren, hast du den Schlüssel in der Hand, über dein Ego hinauszuwachsen. Dies kann zu einem Quantensprung in deinem Leben werden und der Beginn einer wunderbaren Bewusstseinsreise zu dir selbst. In dein Selbst zu kommen bedeutet, eins zu werden mit deiner geistigen Natur – mit Gott. Du kommst allmählich in die Liebe, in die Freude und in den Frieden. Heraus aus deinem Ego, bedeutet: heraus aus deinem Leiden, heraus aus dem Kampf, heraus aus der Trennung.

Du kannst von deinem Ego lernen bedeutet: Immer wenn dein Ego in dir sagt: Angst, Kampf, Wettbewerb, Angriff, Eifersucht, Neid, Missgunst, Ärger, Groll, usw., dann halte inne und werde ruhig. Das ist der Weg der Trennung, den du genau in diesem Moment beenden kannst. Du kannst dich jetzt anders entscheiden, wenn du bewusst ruhig wirst, durch dein Ego durchgehst und eine andere Wahl triffst – oder momentan gar nichts machst. Einfach ruhig werden, dein Ego spüren, es aushalten und durch den Schmerz hindurchgehen, über dein Ego hinauswachsen, das macht dich stark. Das ist eine echte Weiterentwicklung auf den Bewusstseinsebenen. Das gelingt durch langsames und bewusstes Agieren, nicht durch schnelles Reagieren. Schnelles Reagieren kommt immer aus dem Ego, immer aus der Angst, immer aus der Trennung.

Wenn wir in die Liebe kommen wollen, wenn wir unsere Welt zu einem Schauplatz der Liebe machen wollen, können wir bei uns selbst beginnen. Wir können damit beginnen, nicht das zu tun, was unser Ego uns sagt. Wir können uns für ein bewussteres und liebevolleres Leben entscheiden. Es erfordert lediglich unseren wachen Geist und unsere Bereitschaft, unser Ego zurückzunehmen. In der Erkenntnis, dass unser Ego nicht weiß wer wir sind, und demnach nicht richtig entscheiden kann, was gut für uns und die jeweilige Situation ist, weil es immer aus der Angst handelt, können wir beginnen, umzudenken. Wir können beginnen, aus der Identifikation mit unserem Ego auszusteigen und stattdessen lernen, unser Ego bewusst zu erziehen – es wird auch als das „Überwinden des Egos" bezeichnet. Wir können bereit sein, Gott – dem Heiligen Geist – mehr Raum in unserem Leben zu geben, indem wir unser Ego zurücknehmen. Wir kommen damit Zusehens in höhere Bewusstseinsebenen und lassen die Trennung hinter uns.

Unser Leben bekommt damit eine neue Dynamik, weil wir mehr und mehr den Weg Gottes gehen. Das ist jener Weg, den das Leben für uns geplant hat, und von dem unser Ego nichts weiß. Es gleicht damit einer Selbstverwirklichung und fühlt sich leicht und unbeschwert an. Wir werden sozusagen vom Leben getragen und empfinden das Leben als eine wunderschöne, herrliche Reise in Liebe und Freude. Die Meditation wird ein wesentlicher Bestandteil in unserem Leben, denn sie hat dieses Leben erst möglich gemacht.

Unser Ego ist dabei klein geworden und beschränkt sich auf das individuelle Genießen des Lebens, das uns Gott bietet. Es wird uns dabei völlig bewusst, das wir, um ein schönes Leben zu haben, kein „starkes Ego" brauchen, sondern lediglich ein waches Bewusstsein – also einen wachen Geist. Durch das Zurücknehmen unseres Egos haben auch die Angst, der Kampf, der Wettbewerb etc. keinen Platz mehr in unserem Leben. Stattdessen handeln wir immer mehr aus der Liebe und aus der Vernunft. Wir haben mehr Geduld und bleiben in verschiedenen Situationen ruhig und gelassen. Wir haben ein echtes Selbstbewusstsein entwickelt und handeln auch dementsprechend, fair und loyal.

Wir sind unabhängig von der Liebe und dem Wohlwollen anderer Menschen, weil wir die Selbstliebe kennen und leben. Die Selbstliebe ist die Liebe Gottes, die wir in uns tragen und die unser Ego zu jederzeit spürt. Wir hadern nicht mehr mit uns selbst und auch nicht mit anderen Menschen. Wir sind im Frieden mit uns und dem Rest der Welt, in dem Wissen, das alles gut ist, so wie es ist.

Wir haben aufgehört zu beurteilen und zu kategorisieren, weil es keinen Sinn macht, die Vielfalt der göttlichen Schöpfung in irgendeiner Art und Weise gut oder schlecht zu reden. Alles ist ein Ausdruck Gottes, sowie wir ein individueller Ausdruck Gottes sind.

Wir lösen uns von der Materie, weil wir immer mehr Zugang zu unserer geistigen Essenz und zur geistigen Welt bekommen. Die Materie hat uns nicht mehr im Griff. Es ist schön, dass sie da ist, aber wir sind nicht mehr besessen von ihr. Die Materie ist immer da, egal wem sie gehört. Wir brauchen nichts zu besitzen um uns gut und sicher zu fühlen. Wir haben verstanden, dass es kein Besitzen gibt. Der Glaube, etwas zu besitzen, ist eine Illusion, sowie es eine Illusion ist, etwas außerhalb von Gott zu sein. Wir haben nur eine Maske, die uns glauben lässt, etwas außerhalb von Gott zu sein. Nur unser Ego kann glauben, etwas zu besitzen, dies impliziert immer auch die Angst, etwas zu verlieren. Wozu soll das gut sein? Wir können alles genießen, die ganze Natur, den Wald, den See, das Meer, dazu brauche ich nichts besitzen. Es gehört alles uns gemeinsam – alles ist ein Teil der Schöpfung. Wir kommen allmählich in ein Einheits-Bewusstsein.

Es kann sehr befreiend, nichts zu besitzen. Wir brauchen in Wirklichkeit nicht viel, um glücklich zu sein, je weniger wir haben, desto freier fühlen wir uns. „Besitz belastet" ist ein wunderbarer und meiner Meinung nach sehr treffender Spruch. Dieser ständige Kampf um mehr, mehr, mehr, den wir sehr oft vorfinden, ist nur eine Art Zwangsneurose unseres Egos. Wir finden in der Materie kein echtes Glück und keinen inneren Frieden.

Ein gewisses Maß an Geld ist natürlich notwendig in unserer materiellen Welt. Wir müssen unsere täglichen Bedürfnisse finanzieren und das kostet nun mal Geld. Aber ich möchte ein Bewusstsein dafür schaffen, dass wir im materiellen Überfluss kein echtes Glück finden werden und schon gar keinen inneren Frieden. Die echte Freude, die echte Liebe, die Glückseligkeit, finden wir in der Zuwendung zu Gott – das ist die Zuwendung zu dir selbst. Je mehr wir uns Gott zuwenden, desto mehr kommen wir in die Liebe. In dieser Bewusstseinsebene, haben wir den

Mangel nach Liebe gestillt, den wir durch Materie versucht haben Wett zu machen. Wenn wir bei Gott ankommen, sind wir in der Liebe, wir brauchen dann die Materie nicht mehr um glücklich zu sein, wir haben die Materie dann überwunden. Wenn wir unser Ego überwinden, haben wir auch gleichzeitig die Materie überwunden. Wir suchen dann unser Glück nicht mehr in der Materie, weil wir keinen Mangel mehr in uns haben. Die Suche nach Geld, Reichtum, Besitz usw. ist nur ein Zeichen, dass wir einen Mangel haben – einen Mangel an echter Liebe und echten Glück.

Wir können auch in einem anderen Menschen nicht die echte Liebe und das echte Glück finden. Es gibt niemanden da draußen, der dich glücklich machen kann. Solltest du eine Partnerin suchen, die dich glücklich machen soll, dann bist du am falschen Weg. Dies kann nur zu Frustration führen, für dich und für deine Partnerin. Eine gute Voraussetzung für eine Partnerschaft ist: dich selbst zu lieben und mit dir selbst glücklich zu sein. Wenn wir von einer Partnerin nichts erwarten, sondern einfach nur lieben wollen – bedingungslos lieben –, dann wird das Glück nicht lange auf sich warten lassen. Du trägst alles in dir, was du brauchst, eine Partnerin ist dann nur noch eine Draufgabe. Eine Partnerschaft sollte lediglich eine Bereicherung für beide sein, aber keine Bürde in welcher Art auch immer.

Je mehr du selbst in die Liebe kommst, umso mehr wirst du eine Bereicherung für deine Partnerin sein. Du wirst dann zum „Fels in der Brandung", weil du durch die Liebe, die du in dir trägst, die du durch deine Verbindung zu Gott erlangt hast, kein „Klotz am Bein" bist, sondern ein selbstbewusster und unabhängiger Partner, der weiß, wer er ist, und seine Partnerin lieben kann, ohne sie zu brauchen.

Erwecke den Buddha in dir

Echte Liebe und echtes Glück stellen sich ein, wenn wir die Bewusstseinsebenen hinaufklettern. Die Liebe ist ein Geisteszustand, ein Zustand, der sich dabei in dir selbst einstellt – du wirst zur Liebe. Die echte Liebe und das echte Glück kannst du nur in dir selbst finden, indem du am Weg bist, „dich selbst zu finden". Das heißt, indem du den Weg Gottes gehst – das ist der Weg in die Meditation.

Buddha bedeutet „der Erwachte" oder „der Erleuchtete". Der bekannteste Buddha ist Siddhartha Gautama, er ist der Begründer des Buddhismus. In der buddhistischen Lehre, hat jeder Mensch das Potenzial Erleuchtung zu erlangen, also ein Buddha zu werden. Die Erleuchtung ist das Ergebnis eines spirituellen Weges, den jeder Mensch gehen kann. Es ist ein Bewusstseinszustand, in den man allmählich gelangen kann, wenn man sich dafür öffnet und wenn man sich der Meditation hingibt.

Über die Meditation habe ich schon in vorigen Kapiteln einiges geschrieben und betont, wie wichtig die Meditation bei diesem spirituellen Prozess ist. Ich beobachte Menschen, die sich sehr schwer tun, mit der Meditation zu beginnen. Unser Ego, und damit meine ich speziell unseren Verstand, ist es nicht gewohnt still zu sein. Das ewige Denken, Grübeln und Sorgenmachen ist eine zwanghafte Angewohnheit unseres Verstanden. Es ist eine Folge der Angst, die in uns schlummert, weil es das Wesen unseres Egos ist, Angst zu haben. Angst vor dem Tod, weil es sich als von Gott getrennter Körper wahrnimmt. Deshalb will unser Ego immer stark sein, sich behaupten, gut ausschauen, genug Geld haben, sich sicher fühlen, geliebt werden, und vieles mehr, um die Angst einigermaßen ertragen zu können. Wir müssen verstehen, dass diese Angst unseres Egos die Folge einer Illusion ist. Das Ego glaubt, wir seien ein materieller Körper, und dieser materielle Körper sei unser Leben. Dieser Körper – diese Maske – ist aber nicht unser Leben. Unser Leben ist unser Geist, der in der Maske steckt. Wir sind ein geistiges Wesen, wir sind reines Bewusstsein, ein Teil des ewigen, göttlichen, allumfassenden Bewusstseins.

Unser Geist ist das pure Leben, und nur unser Geist. Unser Geist steckt in jeder unserer Körperzellen, deshalb glauben wir, wir seien der Körper. Unser Körper ist jedoch Materie, die erst durch unseren Geist belebt – beseelt wird. Wenn unser Körper einmal alt wird, gehen wir bei unserem sogenannten Tod wieder aus unserem Körper. Der Maskenball hat dann vorübergehend ein Ende, bis wir wieder eine neue Maske bekommen.

Auf unserem spirituellen Weg erkennen wir allmählich diese Illusion, und nach und nach verabschieden wir uns von der Vorstellung, ein sterblicher Körper zu sein. Wir kommen dabei aus diesem Körperbewusstsein – oder Ego-Bewusstsein –, das uns sehr belastet, und für unsere Angst verantwortlich ist, heraus. Wir verlassen damit die Trennung und kommen in ein Gottesbewusstsein oder Einheitsbewusstsein. Bei diesem Prozess transformieren wir also unser Bewusstsein von einem Ego-Bewusstsein in ein Gottesbewusstsein, deshalb nennen wir es auch eine Bewusstseinsreise.

Dieser Bewusstseinsprozess wird begünstigt durch eine Neuprogrammierung unserer tiefsitzenden Glaubenssätze. Das heißt, wir können uns durch das Lesen und Lernen von spirituellen Wissen unsere Überzeugungen und

Glaubenssätze neu programmieren. Durch neues Wissen entsteht allmählich ein Gewahrsein, das wir nicht ein Körper sind, sondern einen Körper haben. Daraus formt sich dann mit der Zeit ein neues Bewusstsein. Die unmittelbare Selbsterfahrung, dass wir ein geistiger Teil Gottes sind, machen wir in der Meditation. Deshalb ist die Meditation ein so wichtiger Bestandteil dieser Bewusstseinsreise.

In der Meditation verbinden wir uns mit Gott, wir gehen in dieses hochschwingende Bewusstseinsfeld der Liebe. Diese hohe Schwingung überträgt sich auf uns, es beeinflusst uns unmittelbar. Deshalb fühlen wir uns nach einer Meditation so gut, so frisch und so kreativ. Mit zunehmender Meditationspraxis werden wie ruhiger und gelassener. Unser ständiges Denken, Grübeln, Angsthaben und Sorgenmachen lässt nach. Auch unsere Emotionen bekommen wir mehr in den Griff, und wir entwickeln echte Selbstliebe und echtes Selbstbewusstsein. Die Meditation kann unser Leben positiv verändern, weil sie in vielfältiger Art und Weise positiv auf unseren Geist wirkt.

Wenn es dir schwerfällt, mit der Meditation zu beginnen, kann dir am Anfang eine geführte Meditation helfen. Das sind Meditationen, bei denen jemand spricht oder eine Meditationsmusik läuft. In weiterer Folge empfehle ich, ohne Musik und Worten zu meditieren. Meditation ist einfach eine Entscheidung, die deinen Willen und deinen starken Geist erfordert: dich hinzusetzen und einmal für zwanzig Minuten einfach nur zu SEIN. Egal, was passiert, was es in dir denkt, was es in dir fühlt, beobachte es einfach aber beurteile es nicht und reagiere nicht darauf, es ist nur dein Ego. Besinne dich darauf, das wahre Leben zu spüren. Das wahre Leben findet in der Stille statt, es ist dein ewiges SEIN – es ist die Liebe. Stelle dir vor, du bist

für die nächsten zwanzig Minuten eine sitzende
Buddhafigur. Setze dich einfach auf einen Sessel, halte den
Rücken gerade und stelle die Füße auf den Boden. Lege
deine Hände am besten auf deinen Oberschenkeln ab und
versuche, die absolute Stille zu finden. Gehe durch deine
Gedanken durch, es gibt da einen stillen Raum, in dem
keine Gedanken mehr sind. Du merkst es, wenn du genau
beobachtest, was in deinem Gehirn passiert.

Es geht nicht darum, die Meditation perfekt zu machen, es
geht darum, sie überhaupt zu machen. Viele Menschen
hören nach ein, zwei Versuchen wieder auf und sagen: „Ich
kann das nicht, ich denke so viel". Natürlich denkt es in dir,
dein Verstand kennt nichts anderes. Aber wie soll es den
ruhig werden in deinem Kopf, wenn du nicht einmal mit der
Meditation beginnst oder nach dem zweiten mal wieder
aufgibst? Deine Gedanken sind nicht deine Feinde, und
deine Gefühle auch nicht, sie sind deine Babys. Hör in der
Meditation auf, dich mit deinen Gedanken und Gefühlen zu
identifizieren, nimm sie einfach nur neutral wahr, in dem
Wissen, dass dein Ego halt denkt und fühlt.

Es wird in den nächsten zwanzig Minuten nichts passieren.
Egal, was es in dir denkt oder fühlt, du wirst nach zwanzig
Minuten noch genauso da sitzen wie vorher, mit dem
einzigen Unterschied, dass du begonnen hast, in deinem
Kopf aufzuräumen. Du beginnst, dich selbst zu reflektieren.
Meditation ist im Grunde so einfach, man muss es nur tun.
Du kannst dabei nichts falsch machen, du musst einfach
nur entspannt loslassen und die Stille suchen, die Stille in
deinem Kopf. Du musst dir nur bewusst Zeit nehmen und
es immer und immer wieder tun. Am besten nimmst du dir
für die nächsten drei Wochen vor, dir jeden Tag Zeit für die
Meditation zu nehmen. Am Anfang ist es eine bewusste

Entscheidung, bis es zu einer Routine geworden ist. Es ist so wie mit dem Denken, das hast du dir auch irgendwann angewöhnt, und jetzt denkst du einfach so dahin und kannst wahrscheinlich nur schwer damit aufhören. Zumindest geht es vielen Menschen so.

Wenn du die Meditation einmal entdeckt hast, wirst du nicht mehr aufhören wollen damit. Sie wird zu deinem Leben, sowie das Atmen zu deinem Leben gehört, gehört dann irgendwann das Meditieren zu deinem Leben. Ein spiritueller Mensch, lebt einen meditativen Alltag. Er ist in ständiger Verbindung mit Gott – mit dem echten Leben.

Alles worüber wir den ganzen Tag nachdenken, ist im Grunde nicht das echte Leben. Es ist das Leben an der Oberfläche, das momentane Leben, als „Vorname Nachname". Das echte Leben ist dein ewiges SEIN. Wenn du beginnst, dieses Leben als deine Maske – als „Vorname Nachname" – nicht mehr so ernst zu nehmen, sondern es als vorübergehenden Maskenball betrachtest, wird eine enorme Last von dir abfallen. Genau diese Last, diese Bürde, die du im Grunde als „Vorname Nachname" trägst, kannst du in der Meditation überwinden, weil du dein Ego überwindest.

Dein Leben bekommt eine neue Leichtigkeit, und gleichzeitig wird es schöner und besser. Weil dir das Leben unter die Arme greift, weil du eins wirst mit dem Leben – eins mit Gott.

Lass dich vom Leben tragen

Es ist für jemanden, der die Spiritualität nicht kennt, nicht leicht vorstellbar, dass das Leben durch die Meditation leichter werden soll. Das schöne dabei ist: Du kannst es einfach ausprobieren und gehst kein Risiko dabei ein.

Meditation ist etwas, das du jederzeit machen kannst. Es ist „ein sich Hineinfallenlassen" in dein wahres SEIN. Du gehst eine Verbindung ein mit dem echten Leben – das Leben, von dem du ein ewiger, untrennbarer Teil bist. Du verbindest dich mit deinen Wurzeln, es ist jedes Mal ein Heimkommen zu Gott, deinem geistigen Vater. Du wirst dort aufgefangen und getragen wie ein Kind Gottes, weil du ein Kind Gottes bist. Du kannst dort die Liebe und die Geborgenheit finden, die deine Seele sucht. Deine Seele sehnt sich danach, nach Hause gebracht zu werden – nach Hause, zurück zu Gott.

Ein Mensch, der nicht meditiert, lebt ein Leben in ständiger Trennung von Gott. Was soll das für ein Leben sein? Ein Leben in Angst und Schrecken. Er lebt ein Leben in der ständigen Illusion, ein sterblicher Körper zu sein, getrennt von Gott. Nur in der Meditation hast du die Möglichkeit, aus dieser Illusion aufzuwachen. Du kannst dein Leben verbessern, wenn du bereit bist, dir selbst zu begegnen. Das heißt, wenn du bereit bist, in die Stille zu gehen und alles wahrzunehmen, was da ist – alle Gedanken und Gefühle – und sie einfach nur bewusst wahrnimmst. Weiters solltest du dann lernen, einfach bewusst durch diese Gedanken hindurchzugehen und in die mentale Stille zu kommen, also lernen zu meditieren.

Wenn du dich bewusst hinsetzt und still wirst, dann beobachte einmal deine Gedanken. Worüber denkst du hauptsächlich? Ist es die Arbeit? Ist es deine Beziehung? Sind es verschiedene andere Themen, die dich beschäftigen? Frage dich einmal: „Was bin ich ohne meine Arbeit?", „Was bin ich ohne meinen Partner, meiner Partnerin?", „Was ich bin ich ohne meinen ......?"

Blende in deinen Gedanken einmal ein Thema nach dem anderen aus deinem Leben aus. Lass eines nach dem anderen einfach einmal los. Beginne mit den wichtigsten Themen. Lass dieses Thema jetzt in dem Moment einfach los in deinem Kopf. Du gehst in die Stille, weil du jetzt loslassen willst, weil du in einen stillen Raum kommen willst. Dazu gehört es, zu lernen, deine Gedanken einmal loszulassen. Du kannst deine Gedanken loslassen, indem du jetzt deine Themen loslässt – eines nach dem anderen. Wenn deine Arbeit ein großes Thema in deinem Leben ist, dann wirst du viele Gedanken in Zusammenhang mit deiner Arbeit im Kopf haben. Es ist gut, sich mit deinen Themen bewusst auseinanderzusetzen. Aber es ist auch gut, deine Themen zu bestimmten Zeiten bewusst auszublenden – nämlich dann, wenn du dich bewusst für die Stille entscheidest. Du bist nicht der Sklave deiner Gedanken, du kannst selbst entscheiden, wann du daran denken willst und wann nicht.

Wenn du ständig unbewusst bist, dann wird es ständig in dir unwillkürlich denken. Du kannst in die Stille kommen, indem du deine Gedanken jetzt loslässt. Jedes Thema, das dich beschäftigt, kannst du loslassen, indem du dich fragst: „Was bin ich ohne meine......"? Mit dieser Frage kannst du dieses Thema in deinem Kopf ausblenden. Mit jedem Thema, das du in deinem Kopf ausblendest, wird es ruhiger in deinem Kopf. Fange mit den Themen an, die dich am meisten beschäftigen, und gehe Schritt für Schritt weiter. Meistens sind es nur ein, zwei oder drei Themen die uns zur Zeit beschäftigen und die einen Großteil unseres Denkens beanspruchen. Wenn du auf diese Art ein Thema nach dem anderen ausgeblendet hast, bleibt nur noch die Stille übrig. Wenn du nur noch die reine Stille in deinem Kopf wahrnimmst, dann bist du in der Meditation. Es ist dein wahres SEIN, das bleibt, du spürst nur noch dein ewiges geistiges SEIN – dein Selbst – die Verbindung zum echten Leben. Genieße diese Stille in dir und verweile darin, solange du kannst und es sich gut anfühlt für dich.

Diese Stille ist die Verbindung zum Heiligen Geist – zu Gott. Es ist das echte und ewige Leben, abseits des materiellen Schauplatzes, den wir hier tagtäglich vorfinden. Es ist der wahre Frieden und ein Ort der Begegnung mit Gott. In dieser Stille erfährst du den Frieden des Lebens. Je mehr du dich mit dieser Stille verbindest, desto ruhiger und friedlicher wird es in dir werden. Die Stille kann so heilsam sein, wenn wir es schaffen, mit ihr in Verbindung zu treten. Voraussetzung ist die Stille im Außen, für die du bewusst sorgen kannst.

Zusätzlich sorgen weniger Fernsehen, weniger Medien, weniger Einflüsse im Außen dafür, dass wir in einem friedlichen Umfeld bleiben können. In der Stille kommst du in ein hoch schwingendes Bewusstseinsfeld, es ist die Liebe, Freude und der Frieden. Menschen, die sich auf einen spirituellen Weg befinden, lieben die Stille, sie lieben die Meditation. Weil dein Selbst ist ein Teil dieses göttlichen Bewusstseins, das wir in einer hohen Schwingung vorfinden. Nur dein Ego ist sehr nieder schwingend und kennt die Angst, Scham, Schuld nur zu gut. Deshalb halten uns auch Filme, mit nieder schwingenden Inhalten wie, Angst, Kriminalität, Gewalt, etc. in den unteren Bewusstseinsebenen gefangen. Die Schwingung, der wir uns aussetzen, überträgt sich unmittelbar auf uns. Deshalb fühlen wir uns bei nieder schwingenden Inhalten auch klein, schlecht, depressiv und ängstlich. Es ist unsere eigene Entscheidung, mit welchen Inhalten wir uns vorwiegend beschäftigen und mit welchen Menschen wir uns abgeben. Wenn wir sensibel sind, spüren wir sofort, ob sich etwas gut oder schlecht auf uns auswirkt.

Ich würde dir empfehlen, dich mit hoch schwingenden Inhalten und Menschen abzugeben. Das sind Inhalte und Menschen, die in dir das Gefühl der Liebe, Freude und des Friedens erzeugen. Alles andere ist für eine spirituelle Weiterentwicklung und für ein Leben in höheren Bewusstseinsebenen wie Liebe, Freude, und Frieden, kontraproduktiv.

Wir müssen uns im Klaren sein, dass die Bewusstseinsebenen ihre Berechtigung haben und die jeweiligen Ebenen einen unmittelbaren Einfluss auf das Leben, auf das Bewusstsein eines Menschen und damit auf das Wohlbefinden eines Menschen haben. Je mehr wir aus unserem Ego aussteigen, desto weiter klettern wir die Bewusstseinsebenen empor. Dies werden wir als eine wunderbare, positive Veränderung in unserem Leben wahrnehmen. Mit dem Aufsteigen in höhere Bewusstseinsebenen steigt unser Selbstwertgefühl, unsere Selbstliebe und unser Selbstbewusstsein proportional an. Unser Leben wird leichter, und wir verändern den Zugang zu unserem Leben und zu verschiedenen Situationen.

Zwei Menschen in der exakt gleichen Lebenssituation, aber in unterschiedlichen Bewusstseinsebenen, können eine Situation völlig anders wahrnehmen und mit der gleichen Situation völlig anders umgehen. Der eine Mensch, der sich in unteren Bewusstseinsebenen befindet, hat vermutlich Angst, fühlt sich minderwertig und ist mit der Situation überfordert. Der andere Mensch, in höheren Bewusstseinsebenen, kann freundlich, aber bestimmt reagieren, tritt selbstbewusst auf, und klärt die Situation zur Zufriedenheit aller Beteiligten souverän auf.

Das Hinaufsteigen in höhere Bewusstseinsebenen hat also einen unmittelbaren Einfluss auf dein Leben und einen unmittelbaren Mehrwert für dein Leben. Durch die Stille und die Meditation begünstigst du diesen Aufstieg, weil du dich dabei in höhere Bewusstseinsebenen begibst und du deinem Selbst – deinem wahren göttlichen SEIN – näher kommst. Du verbindest dich in der Meditation mit dem Leben und es gleicht einer Hingabe an das Leben. Ab einen gewissen Bereich wirst du merken, dass dir das Leben unter die Arme greift. Dein eigenes Ego-Denken wird ruhiger, und du bekommst das Gefühl, du wirst vom Leben getragen.

Vom Leben getragen zu werden bedeutet, dich dem Fluss des Lebens hinzugeben – eins zu werden mit dem Leben. Wir sind jeder für sich ein Teil dieses Lebens, etwas anderes bist du nicht. Nur dein Ego glaubt, du bist etwas außerhalb vom Leben – außerhalb von Gott – und du musst dies oder das erreichen, um etwas Besonderes zu sein oder um liebenswert zu sein. Nein, du bist einfach liebenswert, weil du da bist und weil du so bist, wie du bist. Du musst nichts erreichen, du musst nicht jemand sein, und du musst dich nicht für jemand aufopfern, dazu ist das

Leben nicht gemacht. Manchmal glauben wir, das Leben meint es nicht gut mit uns, doch das Leben ist so, wie es ist. Es ist grundsätzlich gerecht, es ist die Liebe und die Freude. Wir finden das im Leben vor, dass wir vorfinden wollen, ob wir es glauben oder nicht. Es ist das Ergebnis unseres Denkens und unseres Handelns. Vielleicht ist es auch Karma, das wir erleben. Vielleicht wurden wir dazu erzogen zu glauben, wir seien ein Opfer in dieser Welt und wir müssen uns aufopfern oder wir müssen erst dies oder jenes sein oder erreichen, um Glück verdient zu haben. Doch das ist auch ein Fehler unseres Denkens, den wir korrigieren müssen.

Dein Glück steht und fällt mit deinem Bewusstsein und deinen Denken über das Leben. Wenn du denkst das Leben ist ungerecht, dann wird es das für dich sein. Wenn du aber denkst: „Das Leben ist gerecht, und ich kann mein Leben jederzeit ändern, wenn ich mein Denken ändere", dann bist du auf einen guten Weg, aus der Opferrolle herauszukommen. Du bist der Schöpfer deines Lebens. Bevor du die falschen Gedanken denkst, höre einfach auf zu denken und gib dich dem Leben hin. Dann passiert etwas ganz Wunderbares: Du kreierst keine falschen und negativen Ergebnisse mehr. Es gibt nicht viel zu denken, es gibt nur viel zu genießen, du kannst einfach nur SEIN.

Genieße dein Leben einfach im Hier und Jetzt, lerne zu SEIN und dich bedingungslos zu lieben, das ist das Beste, was du für dich tun kannst. Lass dich vom Leben tragen heißt auch: Sei offen für die Veränderungen des Lebens. Lass dich von deinem Herzen führen, und habe den Mut dir selbst zu begegnen und die Veränderungen des Lebens anzunehmen.

Alleinsein, Fluch oder Segen?

Am spirituellen Weg gehst du immer eine stärkere Beziehung mit dir selbst ein. Du willst dich selbst finden, das bedeutet: Du befindest dich in einem Bewusstseinsprozess, der Jahre dauern kann. Dies ist ein Prozess, der Höhen und Tiefen haben wird und mit Veränderungen im Leben verbunden ist. Dieser Weg führt dich aus der Illusion, ein sterblicher Körper – also deine Maske – zu sein. Du erkennst immer mehr, wer du wirklich bist, nämlich ein untrennbarer geistiger Teil Gottes.

Dein Leben ist nicht dein „Vorname Nachname", das in ein paar Tagen wieder vorbei ist, das ist nur ein Lebensabschnitt von deinem ewigen Leben. Dein Leben ist ein langer Bewusstseinsprozess, der aus vielen aneinandergereihten Abschnitten besteht. In jedem Abschnitt hast du eine andere Maske und einen anderen „Vornamen Nachnamen". Diese Abschnitte sind wie Schulstufen anzusehen, und deine Masken wie ein Klassenzimmer der Liebe, in denen du jeweils als geistiges Wesen wohnst. Du wohnst immer in einem anderen Körper. Er ist für diesen Lebensabschnitt dein Zuhause und auch dein, Lern- Liebes- und Erfahrungsinstrument. Du bist nicht dieser Körper, du bist ein ewiges geistiges Wesen, das immer wieder andere Körper beseelt und dadurch hast du immer wieder eine neue Identität, einen neuen „Vorname Nachname". Dies ist das Spiel des Lebens, der Maskenball auf dem wir uns befinden.

Dein Körper ist nur etwas, womit du dich ausdrücken kannst, dein Körper ist nicht dein Leben. Es ist so, als ob in einem Auto kein Motor stecken würde, dann wäre dieses Auto eine leere Karosserie, ein leerer Metallkörper ohne

Leben. Erst der Motor gibt diesem Auto das Leben. Erst du, als der göttliche Geist, gibst deinem Körper erst das Leben. Dein Körper ist sozusagen nur die leblose Hülle von dir – die Maske. Bei deinem sogenannten Tod, gehst du als der göttliche Geist wieder aus deinem Körper und beginnst ein neues Abenteuer.

Solange wir an der Illusion festhalten – an dem Glauben, ein sterblicher Körper zu sein, solange leben wir ein Leben im Leiden und in der Angst. Wenn wir uns selbst finden, lösen wir allmählich dieses Leiden und diese Angst auf, weil wir uns nicht mehr mit unserem sterblichen Körper identifizieren, sondern mit unserem ewigen Leben. Dabei verbinden wir uns immer mehr mit dem echten Leben, wir werden eins mit dem Leben, wir kommen in den Fluss mit dem Leben. Wir erkennen irgendwann die Wahrheit in unserem Bewusstsein und dies ist unser Erwachen.

In diesem spirituellen Prozess verbringen wir gerne Zeit in der Stille und in der Meditation. Dies ist keine Bürde oder ein gequältes, stilles Sitzen und Warten, bis die Zeit um ist, in der ich in der Meditation sein soll. Nein, es ist eine Zeit in der Stille, weil wir uns dort immer mehr geborgen und zu Hause fühlen. Weil wir uns in dieser Stille selbst reflektieren können und durch diese Selbstreflexion alles in uns aufräumen, was uns daran hindert, uns selbst zu finden. Wir lernen, die Stille zu lieben, weil sie der Raum ist, in dem wir Heilung finden. Wir heilen unsere Ängste, weil wir uns ihnen stellen, wir heilen unsere anderen negativen Gefühle, weil wir uns ihnen stellen, und wir heilen unsere Vorstellung, ein von Gott getrennter Körper zu sein, weil wir unserem Selbst – Gott – immer näher kommen. Wir finden unser Selbst weitgehend in der Stille – in der Meditation.

Das ist die Selbstfindung, der Weg zur Befreiung aus dem Ego – aus der Angst.

Eine Voraussetzung für diese stille Zeit und die Meditation ist, dass wir Zeit alleine verbringen. Die Zeit alleine gibt uns erst die Möglichkeit, in die Stille zu gehen und zu meditieren. Deshalb ist das Alleinsein in dieser Phase oftmals ein wahrer Segen. Einen Partner zu haben, der ständig um uns herum ist, wird uns nicht die Möglichkeit geben, in die Meditation zu kommen.

Im Laufe dieses Prozesses stellt sich immer mehr heraus, dass wir sehr gerne Alleinsein wollen, weil wir die Meditation so liebgewonnen haben und weil sie uns sehr wichtig geworden ist. Erst wenn du dich in die Meditation verliebt hast, bist du im spirituellen Prozess wirklich angekommen. Es wird dann vermutlich Phasen geben, in denen du niemanden an deiner Seite haben willst, in denen du einfach glücklich bist im Alleinsein. Das liegt daran, weil du als Ego auf diesem Weg eine sehr starke Beziehung zu Gott – zu deinem Selbst, das bist du als göttliches Wesen – eingehst, weil du dich eben selbst findest.

Die Liebe zu dir wird so stark, dass du keine Liebe mehr von außen brauchst – du wirst zur Liebe. Du kannst Liebe ausstrahlen und Liebe geben, aber du wirst keinen anderen Menschen mehr brauchen, um das Gefühl zu haben, geliebt zu werden. Solche Abhängigkeiten von anderen Menschen lösen sich einfach auf. Du wirst ein unabhängiger, selbstbewusster und liebevollerer Mensch. Die Liebe, die du in dir trägst, breitet sich auf alles aus, was da ist. Du bist Liebe, bedeutet: Du sorgst für Gerechtigkeit im Rahmen deiner Möglichkeiten, du vermeidest Leid im Rahmen deiner Möglichkeiten, und du hilfst den Menschen und du lehrst Hilfe zur Selbsthilfe in dem Rahmen deiner Möglichkeiten.

Das heißt jetzt nicht unbedingt, dass du gar keine Partnerin mehr haben willst und ständig Alleinsein musst. Nein, aber es wird vermutlich anders werden. Ein ständiges Aneinanderkleben wird dich nicht mehr interessieren. Du wirst wahrscheinlich weniger Zeit zu zweit haben wollen, aber dafür eine intensivere und schönere Zeit, mit mehr Liebe und mehr Nähe. Die Zeit des Alleinseins wird einen neuen Stellenwert in deinem Leben einnehmen. Es ist eine Zeit, in der du absolut frei bist und absolut verbunden sein kannst, mit dir und mit dem Leben. Es braucht keine Worte, keinen Smalltalk, kein sich rechtfertigen, was man tut und mit wem. Keine gezwungene gemeinsame Freizeitgestaltung, die nichts anderes ist als irgendetwas zu tun nur um die Stille zu überwinden, nur um sich selbst nicht zu spüren. Dieses Alleinsein ist eine neue Qualität des Lebens. Es ist ein hinsetzen und ein SEIN, einfach so, einfach ohne dass etwas passieren muss.

Das Bedürfnis, ständig jemanden um sich zu haben, schwindet bei Menschen, die sich selbst finden, immer mehr. Das Gefühl der Einsamkeit wird ersetzt durch ein Gefühl des Vollkommen-Seins. Das liegt daran, dass sich eine Verbundenheit mit dem Leben – mit Gott – einstellt.

Wenn du es schaffst, dass Alleinsein als eine wunderbare Zeit mit dir allein zu genießen und dabei keine Einsamkeit verspürst, sondern die Chance, dich selbst zu spüren, dann ist das eine wunderbare Entwicklung. Dann bist du deiner Selbstfindung – deiner Befreiung – einen großen Schritt näher gekommen. Gratuliere.

Eine Maske reicht völlig aus

Ich komme allmählich zum Schluss dieses Buches. Dieses Buch beschäftigt sich mit dem spirituellen Leben. Das ist das Leben, das ich als das echte Leben ansehe. Es gibt kein Leben außerhalb der Spiritualität, weil die Grundlage unseres Leben Gott ist, und Gott ist der allumfassende Geist, von dem wir alle untrennbare Teile sind. Spirit ist also der Geist ohne dem es kein Leben gebe – er ist das Leben.

In diesem Buch bezeichne ich die Maske als die materielle Form unserer Erscheinung, also unseren Körper. Wir alle haben eine solche Maske, und sie ist in dieser materiellen Welt unser Auftritt nach außen hin, sie ist die Sichtbarmachung unserer Seele. Diese Maske, ist also keine Rolle die wir spielen, sondern einfach unser physischer Körper. Diese Maske, also unser Körper, ist grundsätzlich unveränderlich. Sie ist so, wie sie ist, und wir sollten sie weitgehend dankbar annehmen, so wie sie ist. Wir können sie etwas aufhübschen und aufmotzen, um schöner auszusehen, aber im Großen und Ganzen haben wir die Maske, die Gott uns geschenkt hat. Wir sollten sie hegen und pflegen und gut mit ihr umgehen, denn sie ist alles, was wir haben, um unser Leben mit allen Sinnen zu genießen und zu feiern.

Es gibt Menschen, die setzen sich im Lauf Ihres Lebens aber auch andere Masken auf. Sie wollen in der Gesellschaft etwas darstellen, das sie nicht sind, sie spielen eine Rolle. Das ist auch eine Sache des Egos, das wir manchmal in der Gesellschaft etwas anderes darstellen wollen, um etwas zu erreichen, von dem wir meinen es ohne diese Darstellung nicht zu erreichen. Manchmal ist es auch eine unbewusste Veränderung seines Verhaltens oder seines Charakters, weil wir so erzogen worden sind, dass wir nur gut sind, wenn wir stark sind, wenn wir erfolgreich sind, wenn wir reich sind oder sonst etwas darstellen, was wir in Wirklichkeit nicht sind. Dieses unbewusste Aufsetzen einer Maske in der Gesellschaft kann zu einer echten, dauerhaften und ungewollten Angewohnheit werden, sodass der Betroffene in Gesellschaft kaum sein wahres Gesicht zeigt. Das heißt, er lebt ein Leben und stellt etwas dar, das er gar nicht ist, und fühlt sich auch gar nicht wohl dabei. Es wird quasi zu einer Zwangsneurose dieses Menschen, aus der er wirklich schwer wieder raus kommt und die er nur durch echte und bewusste Kontrolle darüber wieder ablegen kann.

Auch in solchen Fällen ist die spirituelle Weiterentwicklung eine enorme Hilfe. Sie ist deshalb eine Hilfe, weil wir auf unseren spirituellen Weg mehr Selbstliebe, Selbstwert und ein echtes Selbstbewusstsein entwickeln. Dies sind wichtige Faktoren, um sich selbst so anzunehmen, wie man ist, ohne irgendetwas anderes darstellen zu wollen. Nur unser Ego ist der Meinung, irgendetwas darstellen zu müssen. In Wirklichkeit müssen wir gar nichts darstellen, weil wir nichts außerhalb von Gott sind. Wir können im Grunde einfach so sein, wie wir eben sind, weil wir jeder für sich genommen ein individueller Ausdruck Gottes sind. Jeder für sich hat seine speziellen Fähigkeiten, seine individuellen Eigenschaften, und seine individuelle Maske. Dieses ganz Getue von „besser sein wollen, reicher sein wollen, schöner sein wollen" ist nur ein Hirngespinst unseres Egos. Es ist sinnlos, und auf der anderen Seite schafft es wieder nur Neid, Missgunst, Eifersucht, Groll und Ärger.

Je mehr wir in unser Selbst kommen, in unsere wahre geistige Natur, desto ehrlicher, aufrichtiger, geradliniger und authentischer werden wir. Eine Maske reicht völlig aus, das bedeutet: Sei einfach so, wie du bist, sei authentisch, sei ehrlich und echt. Es bringt dir nichts, dich in irgendeiner Art und Weise zu verstellen. Man merkt es übrigens sowieso, wenn jemand nicht echt ist. Eine Zeitlang kann man vielleicht eine Rolle spielen, aber langfristig geht das nicht gut. Du kannst eine Rolle nur bedingt aufrechterhalten, und es kostet dich viel Energie. Wenn du dich genauer fragst: „Wozu das Ganze?" kommst du drauf, dass es eigentlich keinen Sinn macht, irgendetwas zu spielen. Es belastet dich bloß und trägt sicherlich nicht zu deinem Wohlbefinden bei.

Wenn wir aufhören, uns zu fragen, was die anderen wohl über uns denken und wie wir bei den anderen ankommen, dann können wir beginnen, echt und authentisch zu sein. Es sind deren negative Meinungen und deren Missbilligungen, die uns dazu bringen, nicht echt zu sein. Aber deren negative Meinungen und deren Missbilligungen sind nur ein Selbstangriff auf ihre eigene Person, auf ihr eigenes Ego. All diese negativen Meinungen und all diese Missbilligungen kommen aus deren starken Ego und aus deren Angst. Sie kommen nicht aus der Liebe, denn die Liebe lässt jeden so sein, wie er ist. Die Liebe lässt andere Anschauungen und andere Meinungen einfach so stehen, ohne Sie zu beurteilen oder sie zu diffamieren.

Nur die Angst, die aus unserem Ego kommt, lässt uns nicht echt und authentisch sein. Aber wir sind nicht unsere Angst, wir sind nicht unser Ego. Nur unser Ego hat viele Ängste, wie die Angst, nicht gut genug zu sein, die Angst, nicht geliebt zu werden, die Angst, diffamiert zu werden, etc.

Wenn wir durch diese Angst hindurchgehen, dann kommen wir allmählich in die Liebe – in unser Selbst. Dieser Mut, durchzugehen durch die Angst, gibt dir einen kräftigen Schub nach oben, in Richtung Liebe. Du gehst dabei durch dein Ego durch und sagst: „Ich stehe zu mir, ich bin echt und authentisch. Genauso bin ich und nicht anders. Das bin ich, das ist mein Leben".

Unsere Welt braucht mutige Menschen. Menschen, die selbstbewusst sind und ihren Weg gehen, auch wenn er außergewöhnlich ist. Menschen, die aus der Reihe tanzen und dazu stehen. Menschen die ihre Meinungen haben, auch wenn diese nicht der Meinung anderer entspricht. Menschen, die einfach sie selbst sind, ohne aufgesetzte Maske, und andere auch so sein lassen können, wie sie sind. Mutige Menschen verändern diese Welt.

Wenn wir in die Meditation gehen und wenn wir bewusster werden, dann werden wir dadurch neue Stärken entwickeln die uns echter und authentischer machen. Wir reduzieren unser Ego, damit überwinden wir unsere Ängste und wir kommen in die Liebe. Je mehr wir erkennen, dass unser Körper nur unsere Maske ist, desto weniger brauchen wir uns eine künstliche Maske aufzusetzen. Das ist ein ganz natürlicher Prozess, weil du auf deinem Weg allmählich erkennst, wer du wirklich bist. Je mehr du dies erkennst, desto mutiger wirst du zu dir stehen und so sein können, wie du bist. Weil du ein individueller Ausdruck Gottes bist. Weil du dir deiner Selbst bewusst wirst und dadurch selbstbewusster wirst.

Schlusswort

Du hast jetzt viel Spirituelles gelesen, vielleicht ist dies alles neu für dich. Ich bin selbst einen sehr intensiven spirituellen Weg gegangen, der mich im Jahre 2022 in meine spirituelle Erleuchtung geführt hat. Ich habe mich selbst gefunden.

Dieses Ereignis ist ein Meilenstein in einem Menschenleben. Es ist das Ankommen bei Gott, die Transformation in ein Gottesbewusstsein, in ein Bewusstsein das wir schon immer waren, das aber überschattet war von unserem starken Ego.

Wir sind nicht das, wofür wir uns halten. Wir sind nicht die Materie, die in ein paar Tagen wieder vergeht, dies hätte keinen Sinn. Unser Körper ist nur ein Instrument, um uns als Seele weiterzuentwickeln. Dafür bekommen wir viele Körper, einen nach dem anderen, immer genau den, den wir benötigen, um einen weiteren Fortschritt auf dem Weg zurück zu Gott zu machen.

Wenn wir ankommen bei uns selbst – bei Gott – ist das zunächst eine unglaubliche Befreiung und ein wunderbares Gefühl des Angekommenseins. Es stellt sich damit eine neue Leichtigkeit und eine Glückseligkeit in unserem Leben ein. Dies ist das Ergebnis einer langen Zeit, in der die Meditation und die Geistesschulung einen wesentlichen Raum in unseren Leben einnehmen. Diese Zeit ist auch eine wunderbare Zeit, weil wir die damit verbundenen positiven Veränderungen in unserem Leben wahrnehmen und genießen.

Wenn du das Gefühl hast, dass du oft die Ruhe suchst, das Alleinsein, die Meditation, dann könnten das Anzeichen dafür sein, dass du ebenfalls bereit bist, diesen spirituellen

Weg zu gehen. Ich glaube, es sind vor allem die Gefühlsmenschen, die eher bereit sind diesen Weg zu gehen, es sind nicht die Kopfmenschen. Denn es ist ein Weg des Herzens ist und nicht des Verstandes. Die großen Denker unserer Zeit verändern zwar unsere materielle Welt, aber sie werden nicht zum Buddha, davon bin ich überzeugt. Zum Buddha werden jene Menschen, die ihr Denken zurücknehmen und sich dem Leben – sich Gott hingeben.

Unser Denken wird allgemein überschätzt. Es ist nützlich bei der Arbeit, beim Lernen, oder bei Aufgaben, die deinen Verstand erfordern, aber darüber hinaus kannst du dein Denken und Grübeln weitgehend loslassen. Stattdessen könntest du in die Meditation gehen. Vieles, was wir Denken nennen, besteht hauptsächlich aus Grübeln, aus Sorgen machen und Angst haben. All das kommt aus deinem Ego. Wenn du beginnst zu meditieren, wird dein Denken ruhiger und deine Angst kleiner.

Ob der spirituelle Weg für dich der richtig ist, darüber musst du ebenfalls nicht nachdenken. Wenn du denn Impuls verspürst, weiter zu lernen und weitere Bücher mit spirituellen Inhalten zu lesen, dann tue es einfach. Ich habe dir zwei meiner Bücher „Die Gedanken der Erleuchtung" und weiter Bücher auf der letzten Seite angeführt. Es gibt aber noch viele andere Bücher, die dich auf deinem Weg begleiten können. Höre dabei ebenfalls einfach auf dein Gefühl, auf deine Intuition, sie wird dich richtig führen.

Ich wünsche dir jetzt alles Gute für dich, ob mit oder ohne Spiritualität.

Alles Liebe.

Weiterführende Literatur:

Gedanken der Erleuchtung, von Christian Lipp

Band 1: Die Selbstfindung

Gedanken der Erleuchtung, von Christian Lipp

Band 2: Du bist das Leben

Regulus Botschaften, von Bettina Büx

Gespräche mit Gott, von Neal Donald Walsch

Quellenverzeichnis:

Die 17 Bewusstseinsebenen, von David R. Hawkins

Aus dem Buch: Erleuchtung ist möglich